DOMENICO GENTILE

COOKING ITALY

FOODBLOG · TRAVELING

# Casalinga

DIE KÜCHE
DER SÜDITALIENISCHEN
HAUSFRAUEN

Maremma
Lazio
Campania
Puglia
Calabria
Sicilia

DIE BESTEN REZEPTE AUS

# Süditalien

# Cooking Italy

## LA MIA PASSIONE

*Lange bevor ich mich selbst in die Küche stellte, um für meine Familie und Freunde zu kochen, schaute ich während meiner Sommerferien in Kalabrien gerne meiner Tante Catharina zu, wie sie stundenlang in ihrem „Magazin", wie sie es nannte, alles Mögliche an Lebensmitteln einkochte, einlegte, köchelte und zubereitete. Damals ahnte ich noch nicht, dass das irgendwann einen Einfluss auf mein Leben nehmen würde.*

Meine Sommerferien in Kalabrien beschränkten sich meist auf das kleine Dorf in der Nähe der Weinregion Cirò. Meine Familie betreibt dort bis heute Landwirtschaft. In diesem Dorf ist man Selbstversorger. Man hält sich Hühner für die Eier, eine Ziege wegen der Milch und für den Käse, den man daraus macht, man hat Olivenbäume und Weintrauben, um auch sein eigenes Öl und den eigenen Landwein zu produzieren. Im Januar kauft man ein oder zwei Schweine und füttert sie mit einem Teil der Ernte, um im Dezember dann daraus Salami und Schinken für das komplette Jahr zu machen. Die Männer der Familie ernten das ganze Jahr über Obst und Gemüse, das die Frauen dann quasi täglich in Gläser einmachen und einkochen, um damit über den Winter zu kommen. Das sind meine Kindheitserinnerungen an mein Italien, das ich so kennen- und lieben gelernt habe.

In der Pubertät war Italien für mich dann aber eher ein Graus. Ein kleines Dorf, sechs Wochen weg von meinen Freunden in Deutschland, Langeweile pur und täglich das Gleiche. Erst mit etwa 23 entdeckte ich Italien neu. Ich hatte mich für eine Ausbildung zum Hotelfachmann entschieden. In der schönen Pfalz. Die Gastronomie hat es mir einfach angetan, und so kam auch nach und nach die Lust am Kochen. Das war die Zeit, in der ich mich mehr und mehr für nachhaltige Lebensmittel interessierte und mich wieder an den ökologischen Kreislauf erinnerte, den ich als Kind in Kalabrien erleben durfte.

So begann ich meine Reisen durch die Küchen Italiens. Ich erkannte schnell, dass diese Küchen einfach gehalten, für jeden nachvollziehbar und voller Stolz auf Produkte sind, die es so eben nur in jeder jeweiligen Region Italiens gibt. Italien ist eines der Länder der Welt mit extrem hoher Biodiversität. Ich liebe dieses Land von Südtirol bis Sizilien. Ich liebe die Vielfalt der Produkte und deren intensiven Geschmack.

Schon vor vielen Jahren war das für mich der Anlass, mit einem Foodblog zu beginnen, in dem ich von meinen Erfahrungen mit Rezepten von Hausfrauen aus den verschiedenen Regionen Italiens erzähle. Rezepte, die mir Mütter und Großmütter bei meinen Reisen zeigten. Klassische, traditionelle Gerichte aus italienischen Familien. Allen voran natürlich die Rezepte meiner Tante Catharina aus dem kleinen Dorf Pallagorio in Kalabrien.

Schnell merkte ich, dass sich die Menschen tatsächlich für diese ursprünglichen Rezepte aus kleinen Dörfern interessierten. Weg von dem, was man oft in italienischen Restaurants serviert bekommt. Ich wollte mehr wissen und berichten über die verschiedenen Regionen, warum man im Norden mehr mit Butter und sogar Sahne kocht, während man in Kalabrien Wurstsorten wie Nduja oder Soppressata verwendet. Mehr über den Einfluss des Orients in Sizilien und Sardinien und mehr über Agnolotti im Piemont oder Tortelli in der Toskana. Ich besuchte Manufakturen, besondere Produzenten, bekannte Köche und bereise bis heute jedes Jahr mehrere Regionen Italiens, um noch mehr über dieses ganz besondere Land und die besonderen Küchen zu erfahren.

Braucht die Welt ein weiteres italienisches Kochbuch? Das habe ich mich oft gefragt. Doch meine Erfahrung als Foodblogger und Koch haben mir gezeigt: Noch immer servieren hierzulande italienische Restaurants Gerichte, die es in dieser Form in Italien eigentlich nicht gibt. Noch immer redet man im Allgemeinen von der „cucina italiana", die man eigentlich in Regionen aufteilen müsste. Jede Region für sich hat ihre eigenen Spezialitäten und jede Familie wiederum ihr eigenes, einzig richtiges Rezept.

„Casalinga" heißt wörtlich übersetzt „Hausfrau", und genau darum geht es mir in meinem Buch. Es ist eine Reise durch die Küchen der Hausfrauen Süditaliens.

Noch immer kennen viel zu wenige die Küche Kalabriens, Apuliens, Siziliens, Kampaniens und des restlichen Süditaliens. So habe ich mich entschlossen, eine Tour durch sechs Regionen Süditaliens zu starten, um einen wenn auch nur wirklich kleinen Einblick in diesen besonderen Teil des Landes zu geben. Neben den wichtigsten Rezepten aus jeder Region habe ich meine Reise mit einem tollen Foto- und Videoteam aus Kalabrien in Bildern festgehalten. Denn so lernt man diese vielen außergewöhnlichen Orte Süditaliens noch besser kennen.

Die Reise beginnt bei meinem guten Freund Luigi Sabatini in der Maremma, der südlichen Toskana. Kenner wissen natürlich, dass selbst der südlichste Teil der Toskana nicht zu Süditalien gehört.

Ich beginne aber dort, weil die Maremma für mich einen ganz besonderen Stellenwert hat. Eine Region, die, genau wie weite Teile Süditaliens, von Landwirtschaft und einer ganz besonderen Küche geprägt ist. Es ist mir eine Herzensangelegenheit, die Maremma in meinem Buch vorzustellen, und ich hoffe, man wird mir diese Ausnahme nicht übel nehmen.

Ich wünsche viel Spaß auf den nächsten Seiten, die mit viel Liebe und Leidenschaft entstanden sind. Ich hoffe sehr, dass man die Magie dieser Reise und den Wert dieser Rezepte aus den verschiedenen Regionen erkennt und spürt.

# DIE KÜCHE Süditaliens

Für die meisten Menschen ist die italienische Küche, oder die Cucina italiana, wie sie gerne genannt wird, eine ganz allgemeine Bezeichnung. Doch dafür ist die italienische Küche viel zu komplex und wird, bei genauerer Betrachtung, immer in Regionen aufgeteilt. Denn: Jede Region Italiens, von Nord bis Süd, von Südtirol bis Sizilien, hat ihre eigene typische Küche, ihre eigenen Spezialitäten. Die Unterschiede sind darin begründet, dass jede Region andere geografische und klimatische Bedingungen, geschichtliche und gesellschaftliche Eigenheiten hat.

Besonders deutlich wird das, wenn man den Norden mit dem Süden Italiens vergleicht. Anders als der wohlhabende Norden, ist Süditalien stets wirtschaftlich benachteiligt gewesen. Die Küche des Südens ist deshalb schon von jeher einfacher und rustikaler. Dennoch, oder gerade deswegen, ist sie besonders vielseitig. Geprägt von Armut, mussten die Hausfrauen schon immer improvisieren, und das spiegelt sich in den traditionellen Gerichten wider.

Fleisch war früher für viele nicht erschwinglich und ist deshalb bis heute in der süditalienischen Küche nur wenig verankert. Nur selten gibt es Rindfleisch, die Hauptfleischlieferanten sind Lamm, Geflügel und Schwein. In den Küstenregionen spielt Fisch eine größere Rolle. Er wird zumeist frisch zubereitet, aber auch getrocknet, geräuchert oder in Olivenöl konserviert. Kleinere Fische gibt es gerne frittiert.

Die Hauptakteure der süditalienischen Küche waren und bleiben Brot und Gemüse. Viele der Gerichte der Cucina povera, der Arme-Leute-Küche, beinhalten Brotkrumen als Parmesanersatz oder altes Brot als Suppeneinlagen und bringen somit interessante Abwechslung. Die wichtigsten Gemüsesorten des Südens, Tomaten, Auberginen, Artischocken, Paprika und Zucchini, findet man quasi in allen Regionen Süditaliens. Und zwar sowohl in den Vor- als auch in den Hauptspeisen. Gerichte mit Hülsenfrüchten wie Bohnen und Kichererbsen, reichlich Gemüse und Kräuter machen die süditalienische Küche nicht nur gesund, sondern auch für Vegetarier interessant.

Während im Norden die frische Pasta häufig mit Eiern gemacht wird, werden im Süden fast ausschließlich Hartweizen und Wasser verwendet. Auch findet man im Süden viel häufiger kurze Pastasorten als sonst wo in Italien. Die wichtigsten Käsesorten Süditaliens sind Hartkäse wie etwa Pecorino, gefolgt von Ricotta und, vor allem in Kampanien, Büffelmozzarella. Butter und Sahne spielen in der süditalienischen Küche kaum eine Rolle. Die Kuchen- und Gebäckspezialitäten sind deftig, salzig,

nussig und, gerade an den Festtagen, bunt und oft frittiert. Oder aber so gebacken, dass sie teilweise trockener und manchmal sehr kross werden. In Süditalien benutzt man häufig Olivenöl zum Backen. Und gutes Olivenöl ist grundsätzlich unverzichtbar. Man verwendet es zu allen Gängen.

Über die allgemeinen Kochgewohnheiten hinaus wird die süditalienische Küche durch die einzelnen Regionen bestimmt. Es gibt überall regionale Spezialitäten wie die besondere Pizza in Kampanien oder spezielle Focaccia-Rezepte in Apulien. In Kalabrien kocht man gerne mit Peperoncino, aus Latium kommen die ältesten Pastagerichte. Die Inselküchen Sardiniens und Siziliens sind geprägt von verschiedenen Kulturen. In Sizilien würzt man mit Anis, Safran und Sesam, als Beilage gibt es Couscous. Datteln und Rosinen sind beliebt. Sardische Spezialitäten sind Fregole, kleine Pastakügelchen aus Grieß, oder Pane carasau, das Brot der Hirten.

Entdecken Sie nun selbst die abwechslungsreiche Küche Süditaliens. Eine Küche, die mehr als andere geprägt ist vom Einfallsreichtum der italienischen Hausfrauen früherer Generationen, die ihre Familien mit einfachen, natürlichen Lebensmitteln gut versorgten.

DIE BESTEN REZEPTE AUS

# Maremma

## TOSKANAS SÜDEN MIT KULINARISCHER VIELFALT

Die kulinarische Italienreise beginnt in der südlichen Toskana, der Maremma. Mit der hügeligen Landschaft und der Nähe zum Meer versprüht diese Region ihren ganz eigenen Charme. Die Küche ist einfach mit sehr rustikalen, traditionellen Gerichten. Werden an der Küste viele Speisen mit Fisch und Meeresfrüchten serviert, kommen im Inneren der Region einheimische Gemüsesorten, Gerichte mit altbackenem Brot und Wildschweinragouts auf den Tisch. Die Weine sind unter Kennern beliebt und das Olivenöl ist von höchster Qualität. Die Pasta der Region ist Pici, aber auch handgemachte Tortelli sollte man unbedingt kosten.

# Aqua cotta

## GEMÜSESUPPE

*Eines der traditionellsten Gerichte aus der Küche der armen Leute. Dafür benutzte man stets alle Gemüsesorten, die saisonal zur Verfügung standen. Der Name Aqua cotta, gekochtes Wasser, wird dieser nahrhaften Suppe allerdings nicht gerecht: Eier und Pecorino liefern wichtiges Eiweiß, das Gemüse jede Menge Vitamine und altbackenes Brot, das in der toskanischen Küche sehr oft in Rezepten verwertet wird, macht die Suppe kräftig und füllt den Magen. Ich habe mich für diese alte Version des Rezepts entschieden, bei der auch geschälte Tomaten verwendet werden.*

### ZUTATEN

700 g Zwiebeln
200 g Staudensellerie
1 kleines Bund Petersilie
2 EL Olivenöl
Salz
800 g geschälte Tomaten aus der Dose
500 ml Gemüsebrühe
4 Eier
4 Scheiben altbackenes Weißbrot (z. B. Ciabatta)
50 g Pecorino

**Außerdem:**

Basilikumblätter zum Garnieren
Olivenöl

Zubereitungszeit: ca. 15 Min.
Kochzeit: ca. 1 Std.
Portionen: 4

### ZUBEREITUNG

**1** Die Zwiebeln schälen und in Scheiben schneiden. Den Staudensellerie waschen, putzen und in kleine Stücke schneiden. Die Petersilie waschen und trocken schütteln, die Blättchen abzupfen und fein hacken.

**2** Das Olivenöl in einem weiten Topf erhitzen, die Zwiebeln darin andünsten. Den Staudensellerie und die gehackte Petersilie dazugeben und kurz mitdünsten.

**3** Das Gemüse salzen und mit 200 ml Wasser aufgießen. Köcheln lassen, bis das Wasser vom Gemüse gut aufgenommen wurde. Dann die geschälten Tomaten aus der Dose dazugeben.

**4** Nach etwa 10 Minuten die Tomaten mit einem Kochlöffel zerdrücken. Alles gut mischen, die Gemüsebrühe dazugeben und zugedeckt bei mittlerer Hitze etwa 40 Minuten köcheln lassen. Gelegentlich umrühren.

**5** Die Suppe mit Salz abschmecken. Die Eier aufschlagen und nacheinander in die Suppe gleiten lassen. Zugedeckt einige Minuten ziehen lassen.

**6** Das Brot in Stücken oder als Scheibe in vorgewärmte Suppenteller geben. Den Pecorino darüberreiben. Die Suppe mit jeweils 1 Ei pro Teller über das Brot geben. Mit etwas Basilikum und 1 Schuss Olivenöl servieren.

# Panzanella

## BROTSALAT

*Altbackenes Brot, knusprig geröstet, kombiniert mit viel frischem Gemüse und aromatischen Kräutern zu einem leckeren Salat – so geht Resteverwertung auf Italienisch.*

### ZUTATEN

8 mittelgroße Strauchtomaten
1 große Salatgurke
1 Bund Rucola
1 Kugel Mozzarella (125 g)
Salz
Pfeffer aus der Mühle
8 EL Olivenöl
2 EL Balsamico bianco
1 kleines Ciabatta oder altbackenes Weißbrot
1 Zweig Rosmarin
2 Schalotten

**Außerdem:**
gehobelter Parmesan
Basilikumblätter zum Garnieren

### ZUBEREITUNG

**1** Die Tomaten und die Gurke waschen. Die Tomaten in Stücke schneiden, dabei die Stielansätze entfernen. Die Gurke schälen und in Würfel schneiden. Den Rucola verlesen, waschen und trocken schleudern. Den Mozzarella abtropfen lassen und in grobe Stücke teilen.

**2** Alles in eine große Schüssel geben. Mit Salz und Pfeffer würzen, 3 EL Olivenöl und den Balsamico darübergießen. Alle Zutaten gut vermischen.

**3** Das Brot in grobe Würfel schneiden. Den Rosmarin waschen und trocken schütteln. Beides in einer Pfanne in 3 EL Olivenöl goldbraun rösten. Das Brot herausnehmen und zur Seite stellen.

**4** Die Schalotten schälen, in Ringe schneiden und in der Pfanne im übrigen Olivenöl glasig dünsten. Die Schalotten mit dem gerösteten Brot über dem Salat verteilen. Zum Schluss noch etwas Parmesan hobeln und zusammen mit ein paar frischen Basilikumblättern über den Salat geben.

Zubereitungszeit: ca. 25 Min.
Portionen: 4

# Castagnaccio

## KASTANIENKUCHEN

*Der toskanische Castagnaccio ist einer der ältesten Kuchen ganz Italiens. Mit seinem erdigen Geschmack und der besonderen Note aus Kastanien und Olivenöl ist er eigentlich mit nichts anderem vergleichbar. In der Toskana ist es üblich, den Kuchen in süßen Vin Santo, dem typischen Dessertwein, zu tunken. Ein Genuss!*

### ZUTATEN

80 g Rosinen

100 g Walnusskerne

1 Zweig Rosmarin

500 g Kastanienmehl

40 ml Olivenöl

100 g Pinienkerne

5 g Salz

**Außerdem:**

1 Backform mit ca. 30 cm ø

Olivenöl zum Einfetten und Beträufeln

Vorbereitungszeit: ca. 10 Min.

Backzeit: ca. 35 Min.

Portionen: 12

### ZUBEREITUNG

**1** Den Backofen auf 200 °C vorheizen. Die Backform mit Olivenöl einfetten. Die Rosinen in einer kleinen Schüssel mit warmem Wasser übergießen und kurz quellen lassen.

**2** Die Walnusskerne klein hacken. Den Rosmarin waschen, trocken schütteln und die Nadeln vom Zweig zupfen.

**3** Das Kastanienmehl in eine Schüssel geben. 650 ml Wasser und das Olivenöl nach und nach mit dem Schneebesen einrühren. Die Rosinen abtropfen lassen. Von den Rosinen, den Walnüssen und den Pinienkernen jeweils ein paar zum Garnieren beiseitestellen, den Rest mit dem Salz zum Teig geben und alles gut vermischen.

**4** Den Teig in die Backform füllen und die übrigen Rosinen, Nüsse und Pinienkerne sowie die Rosmarinnadeln darüberstreuen. Ein paar Spritzer Olivenöl darübergeben und den Kuchen im Ofen etwa 35 Minuten backen.

**TIPP:** Castagnaccio kann auch mit frischem Ricotta serviert werden.

# Gnudi alla toscana

## RICOTTAKNÖDEL MIT SPINAT

*Gnudi, Ricottaknödel, sind eine Überlieferung aus dem Norden Italiens und vor allem in den Regionen der Maremma zu Hause, wo Ricotta eine große Rolle spielt. Ein besonderer Primo, ein erster Gang, der nicht nur geschmacklich, sondern auch farblich immer wieder für überraschte Blicke sorgt.*

### ZUTATEN

700 g Spinat

1 Knoblauchzehe

1 EL Olivenöl

350 g Ricotta

2 EL geriebener Parmesan

1 Ei

Salz

Pfeffer aus der Mühle

frisch geriebene Muskatnuss

45 g Mehl

1 kleines Bund Salbei

100 g Butter

**Außerdem:**

Mehl zum Arbeiten

geriebener Parmesan zum Bestreuen

### ZUBEREITUNG

**1** Den Spinat verlesen und waschen. Die Knoblauchzehe schälen und im Olivenöl andünsten. Den tropfnassen Spinat dazugeben und etwa 7 Minuten dünsten, bis der Spinat zusammengefallen ist. Die Knoblauchzehe wieder entfernen. Den Spinat in ein Sieb geben und mit einem Kochlöffel ausdrücken, damit das Wasser abfließt.

**2** Den Ricotta in einem Sieb etwas abtropfen lassen. Dann mit dem Spinat in einer Schüssel vermischen, Parmesan und Ei unterrühren und die Masse mit Salz, Pfeffer und Muskatnuss würzen. Das Mehl dazugeben und alles gut verrühren.

**3** Die Masse mit einem Esslöffel abnehmen, damit immer gleich große Knödel entstehen. Die Portionen in etwas Mehl wenden und zu Kugeln rollen. Auf die bemehlte Arbeitsfläche legen.

**4** In einem großen Topf Wasser mit Salz zum Kochen bringen, die Knödel darin etwa 10 Minuten köcheln lassen. Inzwischen den Salbei waschen und trocken schütteln, die Blättchen abzupfen. Die Butter in einer Pfanne zerlassen. Die Salbeiblätter hineingeben und etwas anbraten.

**5** Die Knödel direkt aus dem Kochwasser mit einem Schaumlöffel zur Salbeibutter in der Pfanne geben und in der Butter wenden.

**6** Die Gnudi auf vorgewärmte Teller verteilen und etwas von der Buttersauce darübergeben. Mit Parmesan bestreut servieren.

Zubereitungsszeit: ca. 40 Min.

Portionen: 4

Floriana Valentini, 80, ist die Mutter von Simone Rustici, dem Inhaber des Weingut LA PIEROTTA. Sie bereitet wöchentlich etwa 300 Tortelli für die Familie und die Mitarbeiter zu.

Die Herstellung der Tortelli, der etwas größeren Tortellini, hat in der Maremma eine lange Tradition. Zu Gast in der Cantina Pierotta, durften wir Signora Valentini bei der Zubereitung zuschauen. Mit routinierter Leichtigkeit macht diese kleine, zierliche Frau Tortelli, gefüllt mit Spinat und Ricotta.

# Tortelli maremmani

## SPINAT-RICOTTA-TORTELLI

*Die südliche Toskana ist bekannt für deftige Hausfrauenküche. Die Männer, die Landwirtschaft betrieben, mussten schließlich gestärkt werden. Ich selbst durfte dieses Gericht das erste Mal bei Sandro Signori probieren – Im „Il Boccaccio", einem kleinen Wirtshaus im Dörfchen Caldana bei Gavorrano. Von ihm stammt dieses Rezept.*

### ZUTATEN

200 g Spinat
Salz
200 g Ricotta
3 Eier
frisch geriebene Muskatnuss
50 g geriebener Parmesan
200 g Weizenmehl Type 00
(oder Pizzamehl)

**Außerdem:**

Mehl zum Arbeiten
Olivenöl zum Beträufeln
geriebener Pecorino zum Bestreuen
Pfeffer aus der Mühle

Zubereitungszeit: ca. 40 Min.
Portionen: 4

### ZUBEREITUNG

**1** Den Spinat verlesen, waschen und in einem Topf in etwas kochendem Salzwasser zusammenfallen lassen. Den Spinat in ein Sieb schütten und mit einem Kochlöffel ausdrücken, damit das Wasser abfließt. Abkühlen lassen und anschließend fein hacken.

**2** In einer Schüssel den Spinat, den Ricotta, 1 Ei, etwas Salz, etwas Muskatnuss und den Parmesan sorgfältig miteinander mischen.

**3** Das Mehl in eine Schüssel geben, in der Mitte eine Kuhle formen, die übrigen Eier hineingeben und mit einer Gabel vorsichtig mit dem Mehl mischen und verkneten. Je nachdem, wie fest der Teig ist, immer wieder ein paar Tropfen Wasser dazugeben, bis er schön geschmeidig ist.

**4** Die Arbeitsfläche mit Mehl bestreuen und aus dem Teig 2 breite Teigbahnen ausrollen. Gleichmäßig im Abstand von etwa 5 cm einen Klecks Ricottamasse auf den Teig setzen. Den Teig rund um den Ricotta mit etwas Wasser bepinseln.

**5** Die zweite Teigbahn mit Wasser bepinseln und mit der feuchten Seite nach unten über die erste legen. Den Teig um die Ricottamasse herum festdrücken.

**6** Die einzelnen Tortelli in gleichmäßig große Vierecke schneiden. Die Ränder sorgfältig festdrücken, damit die Nudeln richtig verschlossen sind.

**7** Die Pasta in Salzwasser etwa 1 bis 2 Minuten kochen, bis die Tortelli an der Wasseroberfläche schwimmen. Abgetropft mit 1 Schuss Olivenöl, geriebenem Pecorino und frisch gemahlenem Pfeffer servieren.

**TIPP:** Weizenmehl Type 00 hat einen perfekten Anteil an Klebereiweiß, damit sich der Teig gut ausrollen lässt. Sie bekommen das Mehl in italienischen Feinkostläden. Im Supermarkt bieten es aber auch manche Firmen als Pizzamehl an.

# Pici all'aglione

## PICI MIT TOMATENSAUCE UND CIABATTABRÖSELN

*Die traditionellen Pici bestehen ausschließlich aus Mehl und Wasser, sie sind meist handgemacht. Man mischt dafür 100 Gramm Weizenmehl mit 40 Milliliter Wasser und formt aus dem gekneteten Teig lange, dünne Schlangen. Für Pici all'aglione werden normalerweise Knoblauch, Olivenöl, Peperoncino und kleine Tomaten gemischt. Ich benutze außerdem altbackenes Brot, das mit Rosmarin aromatisiert wird. Eine spezielle Art aus der Region Grosseto, wo ich gerne meinen Sommer verbringe.*

### ZUTATEN

2 Knoblauchzehen

2 Scheiben altbackenes Ciabatta

300 g Tomaten (am besten die Sorte San Marzano)

3 EL Olivenöl

1 Rosmarinzweig

1 Chilischote

Salz

Pfeffer aus der Mühle

500 g Pici (dicke, handgemachte Spaghetti)

**Außerdem:**

geriebener Pecorino Toscano

### ZUBEREITUNG

**1** Die Knoblauchzehen schälen. 1 Knoblauchzehe in feine Scheiben schneiden. Das Brot grob hacken. Die Tomaten waschen, in Viertel schneiden und dabei die Stielansätze entfernen.

**2** Das Olivenöl in der Pfanne erhitzen, den ganzen Knoblauch, den gewaschenen Rosmarinzweig, die Chilischote und das gehackte Brot darin rundherum goldbraun anbraten und etwa die Hälfte sowie die Knoblauchzehe, die Chilischote und den Rosmarinzweig mit einem Löffel herausnehmen. Den Rosmarinzweig und die Chilischote entfernen.

**3** Die Tomaten zusammen mit den Knoblauchscheiben in die Pfanne geben und heiß werden lassen. Mit Salz und Pfeffer abschmecken. Die Hitze auf die kleinste Stufe stellen.

**4** Die Pasta in reichlich Salzwasser etwas fester als al dente (bissfest) kochen und dann sofort mit in die Pfanne geben. ½ Kelle Nudelwasser dazugeben, die Hitze wieder erhöhen und die Pasta so zu Ende garen.

**5** Die Pici all'aglione auf vorgewärmte tiefe Teller verteilen, die geröstete Brotmischung und den geriebenen Pecorino darüberstreuen.

Zubereitungszeit: ca. 25 Min.

Portionen: 4

# Pappardelle con coniglio

## PAPPARDELLE MIT KANINCHENRAGOUT

*Pappardelle mit Hasenragout ist ein Gericht, das in ganz Italien sehr verbreitet ist. Es kommt besonders im Herbst, zur Wildzeit, und in Regionen mit viel Wald oft auf den Tisch. Nachdem Hasenfleisch manchmal nicht so leicht erhältlich ist, bietet diese Variante mit Kaninchen eine gute Alternative für das traditionelle Pastagericht.*

### ZUTATEN

1 Möhre
50 g Sellerie
2 weiße Zwiebeln
1 Knoblauchzehe
3 EL Olivenöl
500 g ausgelöstes Kaninchenfleisch
1 Zweig Rosmarin
3 Lorbeerblätter
50 ml Rotwein
350 g passierte Tomaten
Salz
Pfeffer aus der Mühle
250 g Pappardelle (dicke Bandnudeln)

**Außerdem:**

geriebener Pecorino

Zubereitungsszeit: ca. 30 Min.
Kochzeit: ca. 4 Std. 15 Min.
Portionen: 4

### ZUBEREITUNG

**1** Die Möhre und den Sellerie putzen und schälen. Die Zwiebeln und den Knoblauch schälen. Knoblauch halbieren, Möhren, Sellerie und Zwiebeln in feine Würfel schneiden.

**2** Das Öl in einem Topf erhitzen und das Gemüse darin etwa 10 Minuten bei schwacher Hitze andünsten.

**3** Das Fleisch durch einen Fleischwolf drehen oder mit dem Messer ganz fein hacken. Das Fleisch zum Soffritto, dem angedünsteten Gemüse, geben und anbraten, bis es Farbe bekommen hat.

**4** Den Rosmarin waschen, trocken schütteln, die Nadeln hacken, mit den Lorbeerblättern in den Topf geben. Die Hitze erhöhen, dann mit dem Rotwein ablöschen.

**5** Sobald der Wein verkocht ist, die Tomaten und 200 ml Wasser dazugeben. Das Ragout mit Salz und Pfeffer würzen und zugedeckt auf niedrigster Stufe etwa 4 Stunden köcheln lassen. Nur gelegentlich umrühren und nur wenn nötig, ganz wenig Wasser dazugeben, denn das Ragout wird keine flüssige Sauce. Zuletzt Knoblauch und Lorbeerblätter herausfischen.

**6** Die Pappardelle im Salzwasser al dente (bissfest) kochen, abgießen, zum Ragout geben und alles gut vermischen. Die Pasta mit Pecorino bestreut servieren.

### SOFFRITTO – DIE GRUNDLAGE FÜR PASTASAUCEN

Soffritto heißt die angedünstete Gemüsemischung, die die Basis für aromatische Pastasaucen bildet. Sie besteht in der Regel aus Zwiebeln, Knoblauch und Wurzelgemüse.

**Oben und unten links:** Mein Spaziergang durch Scarlino führte über die große Treppe, vorbei an der Chiesa di San Martino, hinauf zum Kastell der Aldobrandeschi.

**Unten rechts:** Küchenchef Sandro Signori vom „Il Boccaccio“ in Caldana bereitet den Teig für hausgemachte Pici vor.

Mehr als nur durch die Freude am Genuss verbunden: Ich bin seit Jahren sehr gut mit Luigi Sabatini befreundet.

Zu Besuch in Gavorrano bei meinem Freund Luigi Sabatini, dem Ölmeister und Olivenölproduzenten vom Frantoio San Luigi.

Luigi Sabatini produziert heute sein Olivenöl zu hundert Prozent mit erneuerbaren Energien. Gleichzeitig presst er auch Olivenöl für viele andere Bauern.

# Cacciucco alla livornese

## FISCHEINTOPF

*Die Maremma gehört zu den besonderen Regionen Italiens, in der Meer und Landwirtschaft in unmittelbarer Nähe sind. Die traditionelle Küche besticht deshalb nicht nur durch klassische Pasta- und Fleischgerichte, sondern birgt auch besondere Fischspezialitäten wie diese Suppe nach Art des Ortes Livorno, die köstlich mit frischem Ciabatta schmeckt.*

### ZUTATEN

1 kg Miesmuscheln (Cozze)
4 EL Olivenöl
1,2 kg gemischte Fischfilets
400 g Garnelen
(ohne Kopf, mit Schale)
1 kleines Bund glatte Petersilie
1 Stange Staudensellerie
1 rote Zwiebel
2 Knoblauchzehe
Salz
Pfeffer aus der Mühle
1 Chilischote
Salz
Pfeffer aus der Mühle
100 ml trockener Weißwein
200 g geschälte Tomaten
500 ml Gemüsebrühe
500 ml Fischfond

Zubereitungszeit: ca. 30 Min.
Kochzeit: ca. 55 Min.
Portionen: 4

### ZUBEREITUNG

**1** Die Muscheln unter fließendem kaltem Wasser gründlich säubern. Geöffnete Muscheln aussortieren. Den Rest in einem Topf in 2 EL Öl andünsten, mit dem Deckel verschließen und warten, bis sich die Muscheln öffnen. Geschlossene Muscheln wegwerfen.

**2** Die Hälfte der Muscheln aus der Schale lösen. Den Fisch waschen, trocken tupfen und in Stücke schneiden. Die Garnelen am Rücken entlang einschneiden, den Darm entfernen. Garnelen abbrausen und abtropfen lassen.

**3** Die Petersilie abbrausen, trocken schütteln, die Blättchen abzupfen und die Hälfte davon fein hacken. Die gehackte Petersilie in einem Schälchen beiseitelegen. Den Staudensellerie putzen und klein schneiden, die Zwiebel und den Knoblauch schälen und in Scheiben schneiden. Die Chilischote waschen und halbieren Das Gemüse im übrigen Öl andünsten. Petersilienstängel dazugeben, mit Salz und Pfeffer würzen, Chilischotenhälften dazugeben und mit dem Wein ablöschen.

**4** Den Wein verkochen lassen. Die Tomaten mit einer Gabel zerdrücken und samt Saft zum Gemüse geben. Je die Hälfte der Brühe und des Fonds dazugießen und aufkochen. Zugedeckt bei schwacher Hitze etwa 40 Minuten köcheln lassen. Wenn nötig, noch etwas Brühe nachgießen.

**5** Die Petersilienstängel und die Chilischote entfernen. Die ausgelösten und ganzen Muscheln, den Fisch und die Garnelen zur Suppe geben, den restlichen Fond und die restliche Brühe dazugießen, etwa 15 Minuten köcheln lassen. Mit Salz und Pfeffer abschmecken, mit der gehackten Petersilie bestreuen.

# Spezzatino di cinghiale

## WILDSCHWEINRAGOUT

*Auch wenn die Maremma über eine ganz besondere Rindersorte verfügt, wird in der traditionellen Küche fast jedes Ragout mit Wildschwein zubereitet. Jede Familie hat ihre eigenen Varianten. Hier ein sehr altes Rezept von einer Familie aus Follonica, das sich auch gut einen Tag vorher zubereiten lässt.*

### ZUTATEN

1 kg Wildschweingulasch
1 rote Zwiebel
1 Möhre
1 Stange Staudensellerie
2 Lorbeerblätter
4 Wacholderbeeren
grober schwarzer Pfeffer
1 l trockener Rotwein
50 g Räucherspeck
2 Schalotten
2 Knoblauchzehen
½ Bund glatte Petersilie
2 Zweige Rosmarin
3 EL Olivenöl
100 ml trockener Weißwein
400 g passierte Tomaten
Salz
Pfeffer aus der Mühle
150 g kernlose schwarze Oliven

Zubereitungszeit: ca. 20 Min.
Marinierzeit: über Nacht
Schmorzeit: ca. 2 Std.
Portionen: 4

### ZUBEREITUNG

**1** Das Fleisch in eine Auflaufform legen. Die Zwiebel schälen und in Scheiben schneiden, die Möhre und den Staudensellerie putzen und in Stücke schneiden. Das Gemüse mit den Lorbeerblättern, den Wacholderbeeren und dem Pfeffer gleichmäßig über dem Fleisch verteilen und den Rotwein darübergießen. Über Nacht im Kühlschrank marinieren.

**2** Den Speck in Würfel schneiden. Die Schalotten schälen und fein würfeln. Den Knoblauch schälen. Die Petersilie und den Rosmarin waschen und trocken schütteln. Die Petersilienblätter abzupfen und fein hacken.

**3** Das Fleisch aus der Form nehmen und die Marinadezutaten rundherum abtupfen. Einen großen Topf erhitzen und das Fleisch darin ohne Fett solange anbraten, bis es die ganze Flüssigkeit verloren hat. Dann das Öl, den Speck, die Schalotten, den Knoblauch, die Petersilie und die Rosmarinzweige dazugeben und kurz andünsten.

**4** Mit dem Wein ablöschen, die Tomaten dazugeben und mit Salz und Pfeffer würzen. Die Hitze reduzieren und das Ragout zugedeckt etwa 2 Stunden köcheln lassen. Wenn nötig, zwischendrin etwas Wasser hinzufügen, die letzte Viertelstunde die Oliven zugeben und die Sauce noch mal abschmecken. Üblicherweise werden dazu keine Beilagen serviert. Brot mit Olivenöl gibt es allerdings in der Maremma quasi zu allem.

# Cenci di carnevale

## KARNEVALSGEBÄCK

*Zur Karnevalszeit wird in Süditalien gebacken und frittiert, was das Zeug hält. Bei einer Reise in die Maremma haben mir Freunde ein frisch frittiertes Gebäck serviert, von dem ich tatsächlich nicht mehr aufhören konnte zu naschen. Es waren Cenci di Carnevale, übersetzt: Karnevalslappen, die man in anderen Teilen Italiens auch als Chiacchiere kennt und für die es vermutlich noch andere Namen gibt. Ganz gleich wie man sie nennen mag, sie haben Suchtpotenzial.*

### ZUTATEN

500 g Mehl
6 g Backpulver
70 g Zucker
Salz
1 Vanilleschote
3 Eier
1 Eigelb
30 ml Grappa
50 g weiche Butter
1 l Sonnenblumenöl zum Frittieren
Puderzucker zum Bestäuben

### ZUBEREITUNG

**1** Das Mehl, das Backpulver, den Zucker und 1 Prise Salz in einer großen Schüssel vermischen. Die Vanilleschote längs aufschneiden und das Mark herauskratzen. Das Vanillemark, die Eier, das Eigelb, den Grappa und die weiche Butter dazugeben und alles zu einem weichen, geschmeidigen Teig verkneten, der sich später dünn ausrollen lässt. Am besten erst mit der Küchenmaschine, dann mit den Händen kneten. Ist der Teig zu trocken, noch ein paar Tropfen Wasser unterrühren.

**2** Den Teig zu einer Kugel formen, in Frischhaltefolie wickeln und etwa 30 Minuten ruhen lassen.

**3** Den Teig dritteln und dann mit dem Nudelholz oder mit der Nudelmaschine wie einen Pastateig ausrollen. Den Teig – am besten mit einem wellenförmigen Teigschneider – in lange Rechtecke schneiden, etwa halb so groß wie Lasagneplatten. Die Cenci bekommen typischerweise innerhalb des Rechtecks noch zwei senkrechte Einschnitte.

**4** Das Sonnenblumenöl in einem hohen Topf oder in einer Fritteuse auf etwa 170 °C erhitzen. Den Teig darin nacheinander goldgelb ausbacken. Mit einem Schaumlöffel herausnehmen und auf Küchenpapier abtropfen lassen. Leicht abgekühlt mit Puderzucker bestäuben.

Zubereitungsszeit: ca. 40 Min.
Ruhezeit: ca. 30 Min.
Portionen: 4

ITALIA

DIE BESTEN REZEPTE AUS

# Lazio

## LATIUM UND DIE TRADITIONSREICHE KÜCHE DER RÖMER

Latium mit der Hauptstadt Rom liegt zwar in Mittelitalien, doch hier machen wir unseren zweiten Stopp. Seit unseren Reisen mit dem Auto in meiner Kindheit, galt dies für uns als das Tor zum Süden. Diese Region beherbergt die ältesten Gerichte des Landes. Schließlich ist die Hauptstadt bereits seit Tausenden Jahren eine Metropole für die ganze Welt. Die Küche könnte nicht vielseitiger sein: Unzählige Antipasti, darunter die römischen und jüdischen Artischockengerichte, aber auch berühmte Fleischgerichte wie die Saltimbocca alla romana und die antike Gemüsesuppe Vignarola sind hier zu Hause. Nicht zu vergessen die wichtigsten Pastarezepte Italiens Cacio e Pepe, Carbonara und Amatriciana.

# Supplì al telefono

## GEFÜLLTE REISBÄLLCHEN

*DAS Streetfood der römischen Küche. Mitte des 18. Jahrhunderts brachten französische Truppen mit Fleisch gefüllte Reisbällchen nach Rom. Die Römer änderten das Rezept und füllten die Bällchen mit Mozzarella. Supplì heißt „Überraschung" auf Französisch und der Name des Rezepts spielt darauf an, dass die „Überraschung", der Mozzarellakern, sich beim Auseinanderbrechen des Bällchens wie das Kabel eines Telefons zieht.*

### ZUTATEN

50 g getrocknete Pilze
200 g Mozzarella (über Nacht im Kühlschrank abgetropft)
½ Zwiebel
2 EL Olivenöl
80 g Butter
150 g Rinderhackfleisch
100 ml trockener Weißwein
400 passierte Tomaten
Salz
Pfeffer aus der Mühle
500 g Risotto-Reis (Carnaroli)
1 l Fleischbrühe
120 g geriebener Grana Padano
4 Eier

**Außerdem:**
Paniermehl
Sonnenblumenöl zum Frittieren

Zubereitungszeit: ca. 1 Std. + Einweichzeit + Abtropfzeit + Abkühlzeit
Portionen: ca. 20 Reisbällchen

### ZUBEREITUNG

**1** Die Pilze in etwas Wasser etwa 30 Minuten einweichen, abtropfen lassen und fein hacken.

**2** Den Mozzarella in etwa 3 cm lange, dünne Streifen schneiden. Die Zwiebel schälen und fein würfeln.

**3** Das Olivenöl und 30 g Butter in einer Pfanne erhitzen. Die Zwiebel und das Hackfleisch darin anbraten. Die Pilze etwa 5 Minuten mitbraten, mit Weißwein ablöschen. Die Tomaten dazugeben, mit Salz und Pfeffer würzen und etwas einkochen lassen.

**4** Den Reis zur Sauce geben, die Brühe nach und nach unterrühren und köcheln lassen, bis der Reis die Flüssigkeit aufgenommen hat und bissfest ist. Er soll kompakt und formbar sein.

**5** Die restliche Butter, den Grana Padano und 2 Eier unter den Reis rühren. Auf einem Blech ausbreiten und abkühlen lassen.

**6** Jeweils etwas Reis in der Handfläche ausbreiten, einen Streifen Mozzarella hineinlegen und dann so mit dem Reis umschließen, dass ein Bällchen entsteht, das etwas größer als eine Krokette ist.

**7** Die restlichen Eier in einem Teller verquirlen. Auf einen zweiten Teller das Paniermehl geben. Die Bällchen zuerst in den Eiern, dann im Paniermehl wenden.

**8** Das Öl in einem Topf auf 170 °C erhitzen und die Supplì darin nacheinander goldbraun frittieren. Auf Küchenpapier abtropfen lassen.

# Spaghetti cacio e pepe

## SPAGHETTI MIT KÄSE UND PFEFFER

*Hier erkennt man deutlich die Spuren der Küche der armen Leute. Eigentlich sind es nur Pfeffer und etwas geriebener Käse, die bei dem wahrscheinlich einfachsten Pastagericht eine Rolle spielen. Wichtig dabei ist, dass man die Pasta in der Pfanne mit etwas Nudelwasser zu Ende gart. So entsteht eine schöne cremige Sauce.*

### ZUTATEN

400 g Spaghetti

Salz

2 EL schwarze Pfefferkörner oder schwarzer Pfeffer aus der Mühle

200 g Pecorino

**Außerdem:**

geriebener Pecorino zum Bestreuen

### ZUBEREITUNG

**1** Die Pasta in reichlich Salzwasser etwas fester als al dente (bissfest) kochen – zu Ende gegart werden die Nudeln im Pfefferwasser in der Pfanne.

**2** Idealerweise die Pfefferkörner grob im Mörser zerstoßen oder sonst grob mahlen. Den Pfeffer in einer Pfanne ohne Öl anrösten, dann mit 1 Kelle heißem Nudelwasser ablöschen. Die leicht abgetropften Nudeln zugeben und nun al dente (bissfest) fertig garen.

**3** Den Pecorino in eine Schüssel reiben, 1½ Kellen Nudelwasser dazugeben und mit einem Schneebesen zu einer cremigen Sauce verrühren.

**4** Die Pfanne vom Herd nehmen, die Sauce über die Pasta gießen und alles gut vermischen. Die Spaghetti mit geriebenem Pecorino und grob gemahlenem Pfeffer bestreut servieren.

Zubereitungszeit: ca. 20 Min.

Portionen: 4

# Pasta alla Gricia

## PASTA MIT SPECK UND KÄSE

*Dieses Gericht gilt als Vorreiter der Pasta carbonara und der Pasta all'amatriciana. Es ist das Gericht der Hirten und der einfachen Leute, vermutlich stammt es aus dem Bergdorf Grisciano. Es kommt mit nur ein paar wenigen, aber dennoch wichtigen Zutaten aus. Die Wahl der Pasta ist dabei Geschmackssache: Kurze Sorten wie Rigatoni oder Penne schmecken ebenso gut wie Spaghetti alla chitarra, Spaghettoni oder Bucatini.*

### ZUTATEN

400 g Spaghetti alla chitarra
Salz
250 g Guanciale
(Speck aus der Schweinebacke)
Weißwein
75 g Pecorino Romano
schwarzer Pfeffer aus der Mühle

**Außerdem:**
geriebener Pecorino zum Bestreuen

### ZUBEREITUNG

**1** Die Pasta in reichlich Salzwasser etwas fester als al dente (bissfest) kochen.

**2** Den Speck zuerst in Scheiben und dann in Streifen schneiden und ohne Öl in einer Pfanne bei schwacher Hitze langsam knusprig ausbraten. Den Speck mit 1 Schuss Weißwein ablöschen und den Wein verkochen lassen.

**3** Den Käse in eine kleine Schüssel reiben. Etwas mehr als 1 Kelle des Nudelwassers dazugeben und mit einem Schneebesen zu einer cremigen Sauce verrühren.

**4** Die Pasta leicht abtropfen lassen, zum Speck in die Pfanne geben und gut untermischen.

**5** Kräftig mit grob gemahlenem Pfeffer würzen, erneut mischen und die Käsesauce darübergießen.

**6** Die Hitze ausstellen und die Pasta in der Restwärme so lange wenden, bis sie die perfekte Bissfestigkeit erreicht hat. Die Spaghetti mit Pecorino und grob gemahlenem Pfeffer bestreut servieren.

Zubereitungszeit: ca. 25 Min.
Portionen: 4

# Bucatini all'amatriciana

## BUCATINI MIT TOMATENSAUCE UND SPECK

*Pasta all'amatriciana, eines der wichtigsten Pastarezepte der römischen Küche, ist weltweit bekannt und beliebt. Namensgeber ist der Ort Amatrice in der Region Rieti, der 2016 größtenteils von Erdbeben zerstört wurde.*

### ZUTATEN

150 g Guanciale
(Speck aus der Schweinebacke)
400 geschälte Tomaten aus der Dose
2 EL Olivenöl
1 kleine Chilischote
50 ml trockener Weißwein
Salz, Pfeffer aus der Mühle
400 g Bucatini
(dicke, lange Nudeln mit Loch)

**Außerdem:**
geriebener Pecorino Romano
zum Bestreuen

### ZUBEREITUNG

**1** Den Speck zuerst in Scheiben und dann in Streifen schneiden. Die geschälten Tomaten in einer Schale mit den Fingern oder mit einem Löffel zerdrücken.

**2** Das Olivenöl in einer Pfanne erhitzen und die ganze gewaschene Chilischote darin kurz andünsten. Guanciale dazugeben und knusprig anbraten. Mit dem Wein ablöschen, die zerdrückten Tomaten untermischen und die Temperatur reduzieren. Mit Salz und grob gemahlenem Pfeffer abschmecken.

**3** Die Pasta in reichlich Salzwasser etwas fester als al dente (bissfest) kochen. Die Nudeln am besten direkt aus dem Topf mit einer Zange in die Sauce geben. Alles gut vermischen und so lange in der Pfanne wenden, bis die Pasta die perfekte Bissfestigkeit erreicht hat. Die Chilischote entfernen. Die Bucatini mit Pecorino bestreut servieren.

Zubereitungszeit: ca. 35 Min.
Portionen: 4

# Spaghetti carbonara

## SPAGHETTI MIT EI, SPECK UND KÄSE

*Der Legende nach wurde das Rezept von den Kohlenhändlern, den „carbonari", erfunden. Viel spricht aber heute dafür, dass es in Anlehnung an ein Gericht von amerikanischen Soldaten im Zweiten Weltkrieg entstand, bei dem geriebener Käse mit Bacon und Pasta serviert wurde. Perfektioniert wurde es allerdings von den Küchenchefs Roms und es wird auch seit dieser Zeit original nur mit den typischen Zutaten der traditionellen Pastagerichte zubereitet. Hinein gehören also Guanciale, schwarzer Pfeffer, Pecorino Romano und Eier.*

### ZUTATEN

150 g Guanciale
(Speck aus der Schweinebacke)

400 g Spaghetti alla chitarra

Salz

50 g Pecorino Romano

20 g Parmesan

4 Eigelb

1 Ei

Pfeffer aus der Mühle

**Außerdem:**

geriebener Pecorino zum Bestreuen

Zubereitungszeit: ca. 25 Min.

Portionen: 4

### ZUBEREITUNG

**1** Den Speck zuerst in Scheiben und dann in Streifen schneiden. Ohne Fett in einer Pfanne bei schwacher Hitze langsam knusprig braten.

**2** Die Spaghetti in reichlich Salzwasser etwas fester als al dente, bissfest, kochen.

**3** Beide Käsesorten in eine kleine Schüssel reiben und vermischen. Die Eigelbe und das Ei dazugeben und unterrühren. Mit grob gemahlenem Pfeffer würzen.

**4** ½ Kelle Nudelwasser zum Speck geben. Die Nudeln abgießen, sofort in die Pfanne geben und so lange wenden, bis die Pasta die perfekte Bissfestigkeit erreicht hat.

**5** Die Eiermasse über die Nudeln gießen, den Herd ausstellen und die Pasta so lange wenden, bis die Eiermasse heiß ist, aber noch nicht stockt. Die Pasta mit geriebenem Pecorino und grob gemahlenem Pfeffer bestreut servieren.

# Gnocchi alla romana

## RÖMISCHE GNOCCHI

*Vielleicht eines der ältesten Gerichte der italienischen Küche. Die Gnocchi alla romana unterscheiden sich völlig von den Gnocchi aus Kartoffeln. Es gibt viele verschiedene Zubereitungsarten und auch die Zutaten unterscheiden sich teilweise. Gnocchi werden, genau wie Pasta, in der Regel als Primo vor einem Hauptgang serviert.*

### ZUTATEN

1 l Milch

100 g Butter

Salz

frisch geriebene Muskatnuss

250 g Polenta (Maisgrieß)

2 Eigelbe

100 g Parmesan

40 g Pecorino Romano

**Außerdem:**

Fett für die Form

### ZUBEREITUNG

**1** Die Milch im Topf erhitzen, 30 g Butter und 1 gehäuften TL Salz dazugeben und mit Muskatnuss würzen. Sobald die Milch zu kochen beginnt, den Maisgrieß einrühren, den Herd ausstellen und mit einem Kochlöffel die Eigelbe und den Parmesan einarbeiten. Den Topf vom Herd nehmen.

**2** Einen Bogen Backpapier auf der Arbeitsfläche auslegen. Die leicht abgekühlte Grießmasse darauf zu einem dicken Strang formen und mit dem Backpapier einrollen. Abkühlen lassen.

**3** Den Backofen auf 200 °C vorheizen. Das Backpapier von den Grießrollen entfernen und die Rollen mit einem Messer in etwa 2 cm dicke Teigstücke schneiden. Es sollten etwa 40 Stücke daraus werden.

**4** Eine Auflaufform einfetten. Die Gnocchi überlappend hineinlegen. Die übrige Butter in einem kleinen Topf zerlassen und über die Gnocchi gießen. Den Pecorino darüberreiben. Die Gnocchi etwa 10 Minuten im Ofen überbacken. Dann noch mal etwa 3 Minuten bei 220 °C mit Oberhitze kross backen.

**TIPP:** Die Gnocchi können auch in Butter und Salbei geschwenkt in der Pfanne zubereitet werden.

Zubereitungszeit: ca. 50 Min.

Portionen: 5–6

# Carciofi alla romana

## ARTISCHOCKEN AUF RÖMISCHE ART

*Wenn die Artischocken Saison haben und sich auf den Marktständen stapeln, gibt es kein Restaurant und keinen Haushalt, die nicht einen der großen Klassiker der römischen Küche mit Artischocken servieren. Zum Beispiel die Carciofi alla romana mit Zitrone, Minze und Knoblauch.*

### ZUTATEN

4 große runde Artischocken

1 Zitrone

1 kleines Bund Minze

1 Knoblauchzehe

Salz

100 ml Olivenöl

### ZUBEREITUNG

**1** Von den Artischocken die äußeren, harten Blätter entfernen, die harten Blattspitzen im oberen Teil abschneiden. Die Stiele auf etwa 3 cm kürzen und schälen. Dann die Artischocken mit den Daumen so öffnen, dass das Innere sichtbar wird. Das sogenannte Heu mit einem Teelöffel oder Kugelausstecher herauslösen.

**2** Die Zitrone auspressen und den Saft zusammen mit etwa ¼ Liter Wasser in eine Schüssel gießen. Die geputzten Artischocken etwa 15 Minuten im Zitronenwasser einlegen.

**3** Die Minze waschen, trocken schütteln und die Blättchen fein hacken. Die Knoblauchzehe schälen und fein hacken. Minze und Knoblauch mit etwas Salz mischen und die Artischocken damit füllen. Etwas Salz auf die Arbeitsfläche streuen und die Artischocken außen rundherum im Salz wenden.

**4** Die gefüllten Artischocken kopfüber in einen schmalen, aber hohen Topf geben. Das Olivenöl und so viel Wasser in den Topf geben, dass die Artischocken komplett bedeckt sind. Zugedeckt etwa 30 Minuten bei schwacher Hitze köcheln lassen. Die Artischocken sind fertig, wenn man mit einem Messer mühelos hineinstechen kann. Sie lassen sich kalt oder warm servieren.

Zubereitungszeit: ca. 30 Min.

Kochzeit: ca. 30 Min.

Portionen: 4

Rechts und Mitte links: Die Piazza di Spagna mit der spanischen Treppe und der Kirche Trinità dei Monti.

Oben links: Ein Genuss – Supplì al telefono, gefüllte Reisbällchen.

Unten: Das Kolosseum ist die beliebteste Sehenswürdigkeit Roms. Das Amphitheater war im alten Rom Schauplatz vieler Gladiatorenkämpfe.

Oben: Monumento a Vittorio Emanuele II.

Rechts: Fontana di Trevi.

Links: Koch und Supplì-Großmeister Arcangelo Dandini (links). In seinem Lokal „Supplizio" durften wir das leckere römische Streetfood probieren.

# Filetti di baccalà

## GEBACKENE KLIPPFISCHFILETS

*Obwohl es ein wirklich simples Rezept ist, gehört es zu den wichtigsten Fischgerichten der traditionellen römischen Küche. Baccalà oder Klippfisch ist meist Kabeljau, der mit reichlich Salz haltbar gemacht wird. Es gibt ihn normalerweise in einem italienischen Supermarkt, sonst lässt er sich online bestellen.*

### ZUTATEN

500 g Baccalà-Filet (Klippfisch, in Salz eingelegter Fisch)
100 g Mehl
100 ml kaltes Mineralwasser
5 EL Olivenöl

**Außerdem:**

Zitronenschnitze zum Beträufeln

### ZUBEREITUNG

**1** Den gesalzenen Fisch in eine tiefe Schale legen und etwa 3 Tage lang im Kühlschrank in Wasser einlegen.

**2** Den Fisch aus dem Wasser nehmen, mit Küchenpapier trocken tupfen und in mundgerechte Stücke schneiden.

**3** Das Mehl und das Mineralwasser in einer Schüssel zu einem flüssigen Teig verrühren.

**4** Das Öl in einer Pfanne erhitzen. Den Fisch im Teig wenden und immer etwa 3 Stücke goldbraun braten. Auf Küchenpapier etwas abtropfen lassen und typisch römisch mit ein paar Spritzern Zitrone servieren.

**TIPP:** Es muss nicht unbedingt gesalzener Fisch sein, man kann jede Art von Fischfilet auf diese Weise zubereiten.

Zubereitungszeit: ca. 25 Min.
Einlegen des Fischfilets: 3 Tage
Portionen: 4

# Saltimbocca alla romana

## SCHNITZEL MIT SCHINKEN UND SALBEI

*Auch wenn es seinen Ursprung in der römischen Küche hat, so gibt es kaum ein italienisches Restaurant auf der ganzen Welt, das Saltimbocca alla romana nicht auf der Speisekarte führt. Unzählige Fleischgerichte der italienischen Küche werden heute in Anlehnung an diese Art der Zubereitung gemacht: Fleisch in dünnen Scheiben wird in Mehl gewendet und dann in der Pfanne mit Butter oder Olivenöl gebraten. Das geht so schnell, dass die Schnitzel quasi sofort in den Mund springen, so die wörtliche Übersetzung von „saltimbocca".*

### ZUTATEN

4 Kalbsschnitzel (à ca. 80 g)

4 Scheiben roher Schinken

4 große Blätter Salbei

2 EL Olivenöl

50 g Butter

50 g Mehl

schwarzer Pfeffer aus der Mühle

100 ml trockener Weißwein

Salz

**Außerdem:**

kleine Holzspieße

Zubereitungszeit: ca. 25 Min.

Portionen: 4

### ZUBEREITUNG

**1** Die Kalbsschnitzel etwas dünner klopfen. Erst 1 Scheibe Schinken, dann 1 Salbeiblatt auf jedes Schnitzel legen und mit Holzspießen feststecken.

**2** Das Olivenöl und 40 g Butter in einer Pfanne erhitzen. Das Mehl auf einen Teller streuen und die Schnitzel mit der unteren Seite leicht hineindrücken. Die bemehlte Seite in der Pfanne bei mittlerer Hitze anbraten. Die obere Seite mit Pfeffer bestreuen, der Schinken ersetzt das Salz.

**3** Den Weißwein mit in die Pfanne gießen und das Fleisch zugedeckt etwa 10 Minuten köcheln lassen. Das Fleisch aus der Pfanne nehmen und kurz warm stellen.

**4** Die restliche Butter und 2 EL Wasser in die Pfanne geben und den Bratenfond etwas einkochen lassen. Mit Salz und Pfeffer abschmecken und das Fleisch mit der Sauce servieren. Als Beilage dazu eignen sich Weißbrot sowie Rosmarinkartoffeln oder Bohnengemüse.

# Pollo con i peperoni

## HÄHNCHEN MIT PAPRIKA

*Es zählt zu den wichtigsten Fleischgerichten der römischen Küche. Gegessen wird es vor allem am 15. August, dem nationalen Feiertag „Ferragosto", der den heißesten Tag des Jahres bezeichnet und an dem die meisten Italiener zu einem großen Picknick ans Meer oder in die Berge fahren.*

### ZUTATEN

1 ganzes Hähnchen

1 Knoblauchzehe

3 Paprikaschoten

3 EL Olivenöl

Salz

schwarzer Pfeffer aus der Mühle

200 ml trockener Weißwein

4 EL passierte Tomaten

### ZUBEREITUNG

**1** Das Hähnchen unter fließendem kaltem Wasser waschen und trocken tupfen. Das Hähnchen in Stücke teilen. Den Knoblauch schälen und in Streifen schneiden. Die Paprikaschoten längs halbieren, entkernen, waschen und in Streifen schneiden.

**2** Das Olivenöl in einer Pfanne erhitzen, den Knoblauch und die Hähnchenteile darin rundherum anbraten. Mit Salz und grob gemahlenem Pfeffer würzen und mit dem Weißwein ablöschen.

**3** Erst die Paprikastreifen dazugeben und kurz mitschmoren, dann die passierten Tomaten unterrühren. Die Temperatur reduzieren und zugedeckt etwa 40 Minuten köcheln lassen, bis das Hähnchenfleisch gar ist. Pollo con i peperoni mit Salz und Pfeffer abschmecken. Mit ofenfrischem Ciabatta servieren. Schmeckt warm und kalt.

Zubereitungszeit: ca. 20 Min.

Schmorzeit: ca. 40 Min.

Portionen: 4

# Maritozzi

## GEFÜLLTE HEFEBRÖTCHEN

*Maritozzi haben eine lange Tradition. Diese Köstlichkeit übergab der Bräutigam, der „Maritozzo", seiner Zukünftigen als Geschenk, nicht selten mit einem versteckten Ring. Das Maritozzo ist neben dem Cornetto ein typisches süßes Frühstücksgebäck, das es in vielen römischen Bars und Cafés gibt. Eigentlich ein Rosinenbrötchen, aber ich habe mich für die Variante ohne Rosinen entschieden, die ebenso beliebt ist.*

### ZUTATEN

1 EL Honig
abgeriebene Schale von 1 Bio-Zitrone
abgeriebene Schale von 1 Bio-Orange
1 Vanilleschote
500 g Mehl (idealerweise Manitoba)
1 TL Trockenhefe
140 g Zucker
150 ml Milch
90 g weiche Butter
3 Eier
8 g Salz
300 g Schlagsahne
1 TL Puderzucker

**Außerdem:**
Mehl zum Arbeiten
Puderzucker zum Bestäuben

Zubereitungszeit: ca. 40 Min.
Ruhezeit: ca. 6 Std.
Backzeit: ca. 25 Min.
Portionen: 12

### ZUBEREITUNG

**1** Den Honig mit dem Zitronen- und Orangenabrieb sowie dem ausgekratzten Vanillemark in einer kleinen Schale vermischen. Mit Frischhaltefolie abdecken und bei Raumtemperatur mehrere Stunden oder über Nacht ziehen lassen.

**2** In einer Schüssel 100 g Mehl mit der Hefe mischen, 100 ml Wasser und 1 gehäuften EL Zucker einrühren. Mit einem Küchentuch abdecken und bei Raumtemperatur mindestens 1½ Stunden gehen lassen.

**3** Das restliche Mehl, 100 g Zucker, die Milch, die Butter und die Honigmischung dazugeben und alles mit den Knethaken der Küchenmaschine oder des Handmixers verkneten, dabei nach und nach 2 Eier in den Teig einarbeiten.

**4** Den Teig zum Schluss auf einer bemehlten Arbeitsfläche mit den Händen nochmal gut durchkneten, dabei das Salz einarbeiten. Den Teig zu einer Kugel formen und zugedeckt 3 bis 4 Stunden bei Zimmertemperatur gehen lassen.

**5** Aus dem Teig 12 kleine, ovale Brötchen formen. Auf ein mit Backpapier belegtes Backblech legen und nochmal zugedeckt 1 Stunde bei Zimmertemperatur ruhen lassen. Der Teig sollte dabei sein Volumen verdoppeln.

**6** Den Backofen auf 180 °C vorheizen. Das letzte Ei trennen und die Brötchen mit Eigelb bestreichen. Die Maritozzi etwa 25 Minuten backen. Abkühlen lassen.

**7** Ein Glas Wasser mit dem restlichen Zucker in einem kleinen Topf verrühren und erhitzen. Die abgekühlten Maritozzi damit bestreichen.

**8** Für die Füllung die Sahne mit etwas Puderzucker steif schlagen. Die Maritozzi von oben der Läng nach aufschneiden, mit der Sahne füllen und mit Puderzucker bestäuben.

GRUPPO
CORTEO
STORICO

CAFFE' NAPOLI

DIE BESTEN REZEPTE AUS

# Puglia

## APULIEN – FOCACCIA, PASTA UND MEER

Puglia, wie die Einheimischen Apulien nennen, liegt am Absatz des italienischen Stiefels. Unfassbar schöne Strände und Küstenstädte sowie die kleinen weißen Gebäude mit den Sanddächern, die man „Trulli“ nennt, machen Apulien einzigartig. Apulien ist bekannt für einen wunderbaren Primitivo, für eine hervorragende Focaccia und vor allem für die besten Orecchiette des Landes. In den Gassen von Bari sitzen die Frauen täglich vor ihren Häusern und machen für die Touristen, aber auch für die Einheimischen, die handgemachten kleinen Nudeln in einer unglaublichen Geschwindigkeit.

# Focaccia barese

## FOCACCIA AUS BARI

*In Apulien isst man Focaccia im Prinzip zu jeder Tageszeit, die Kinder nehmen das Fladenbrot auch mit zur Schule. Es erinnert sehr an eine dicke Pizza mit einem Belag aus Tomaten und Oliven. Viele der Hausfrauen im Salento benutzen für Focaccia einen Vorteig aus „Mutterhefe“, dem sogenannten Lievito Madre. Hier eine Variante, bei der man den Vorteig nicht unbedingt braucht, weil der Teig eine sehr lange Ruhezeit bekommt.*

### ZUTATEN

100 g Kartoffeln
400 g Weizenmehl Type 00 (oder Pizzamehl)
200 g feiner Hartweizengrieß
Salz
15 g frische Hefe
50 ml Olivenöl
400 g Kirschtomaten
20 schwarze Oliven
getrockneter Oregano

**Außerdem:**
Öl für Blech, Form und zum Beträufeln
2 Backformen mit je ca. 32 cm Ø (ersatzweise 1 Backblech)

Zubereitungszeit: ca. 55 Min.
Ruhezeit für den Teig: ca. 10 ½ Std.
Backzeit: ca. 20 Min.
Portionen: 8–10 Stücke

### ZUBEREITUNG

**1** Die Kartoffeln in Wasser kochen, schälen und durch eine Kartoffelpresse in eine Schüssel drücken. Das Mehl und den Grieß mischen und mit etwas Salz zu den Kartoffeln geben.

**2** Die Hefe in 400 ml kaltem Wasser auflösen, keinesfalls warmes Wasser verwenden! Die Mehlmischung etwa 15 Minuten kneten und dabei nach und nach das Hefewasser dazugeben. Zugedeckt etwa 30 Minuten ruhen lassen.

**3** Das Olivenöl nach und nach in den Teig einarbeiten. Das Backblech einfetten, den Teig zu 2 runden Kugeln formen und auf dem Backblech bei Raumtemperatur etwa 10 Stunden ruhen lassen. Der Teig wird dabei nicht abgedeckt.

**4** Den Ofen auf 250 °C vorheizen. Jede Teigkugel mit den Händen in eine gefettete Backform drücken. Wer keine Backform hat, drückt den Teig mit den Fingern rund und legt ihn auf ein gefettetes Backblech.

**5** Die Tomaten waschen und halbieren. Die Kerne und das weiche Fruchtfleisch auf den Fladen ausdrücken. Die Tomatenhälften mit der Schnittseite in den Teig drücken. Die Oliven, etwas Salz und Oregano auf dem Teig verteilen. Mit etwas Öl beträufeln.

**6** Die Fladen nacheinander im Ofen etwa 15 bis 20 Minuten backen. Am besten heiß servieren, schmeckt aber auch kalt zu Käse oder Salami.

"00"

# Ciceri e tria

## PASTA MIT KICHERERBSEN

*Ciceri e Tria, gehört zu den ältesten Gerichten Apuliens. Sowohl die Verwendung von „ciceri" (Kichererbsen) – die übrigens aus der süditalienischen Küche nicht wegzudenken sind – als auch der Name „tria" stammen aus dem Arabischen. „Ittrya" heißt so viel wie frittierter oder getrockneter Teig. Das Besondere dieses Gerichtes ist, dass man frische Pasta sowohl kocht als auch frittiert. Das macht dieses Rezept einzigartig in ganz Italien.*

### ZUTATEN

150 g Weizenmehl Typ 00 (oder Pizzamehl)
150 g Hartweizengrieß
4 EL Olivenöl
1 weiße Zwiebel
2 Knoblauchzehen
1 Chilischote
3 Zweige Rosmarin
350 ml Gemüsebrühe
3 Lorbeerblätter
150 g abgetropfte Kichererbsen aus Glas oder Dose
250 ml Pflanzenöl
Salz

### ZUBEREITUNG

**1** Das Mehl und den Grieß in einer Schüssel mischen, 160 ml lauwarmes Wasser und 1 EL Olivenöl dazugeben. Alles zu einem elastischen Teig kneten. In Folie gewickelt etwa 30 Minuten ruhen lassen.

**2** Den Teig mit einer Pastamaschine oder dem Nudelholz etwa 2 bis 3 mm dick ausrollen. Aus den einzelnen Bahnen etwa 9 cm lange Tagliatelle (breite Nudeln) schneiden.

**3** Jede einzelne Nudel spiralförmig drehen, die Tagliatelle nebeneinander auf Küchentücher legen und etwa 2 Stunden trocknen lassen.

**4** Die Zwiebel schälen und fein würfeln. Den Knoblauch schälen. Die Chilischote längs halbieren, entkernen, waschen und fein hacken. Die Rosmarinzweige waschen. Die Brühe erhitzen.

**5** Die Zwiebelwürfel, den Knoblauch und die Chilischote im restlichen Öl andünsten, mit 3 EL Brühe ablöschen. Den Rosmarin, die Lorbeerblätter und die Kichererbsen dazugeben. Etwa 45 Minuten köcheln lassen, dabei nach und nach die übrige Brühe dazugeben. Knoblauch, Rosmarin und Lorbeer entfernen.

**6** Das Pflanzenöl in einem Topf auf 170 °C erhitzen und die Hälfte der Pasta nach und nach im Öl frittieren, auf Küchenpapier abtropfen lassen. Den Rest der Pasta in Salzwasser etwa 1 Minute bissfest kochen. Die gekochte mit der frittierten Pasta und den Kichererbsen mischen.

Zubereitungszeit: ca. 1 Std. 10 Min.
Ruhezeit für den Teig: ca. 2 ½ Std.
Portionen: 4

# Orecchiette con cima di rapa

## ORECCHIETTE MIT STÄNGELKOHL

*Cima di Rapa ist Stängelkohl, man nennt ihn auch den italienischen Brokkoli. Es gibt ihn im italienischen oder türkischen Gemüseladen. Orecchiette gehören zu den wichtigsten Pastasorten Apuliens. Wer in Bari durch die Gassen spaziert, trifft immer wieder auf ältere Frauen, die vor ihren Häusern sitzen, Orecchiette frisch zubereiten und direkt verkaufen.*

### ZUTATEN

1 kg Cima di Rapa (Stängelkohl; ersatzweise Brokkoli)

1 Knoblauchzehe

4 EL Olivenöl

60 g Paniermehl

Salz

4 Anchovis aus dem Glas

400 g Orecchiette

**Außerdem:**

Olivenöl zum Beträufeln

### ZUBEREITUNG

**1** Den Stängelkohl unter fließendem kaltem Wasser abwaschen. Die dicken und kräftigen Stiele entfernen, die übrigen Stiele in 3 Stücke schneiden. Den Knoblauch schälen.

**2** In einer Pfanne 2 EL Olivenöl erhitzen, das Paniermehl hineinrühren und goldbraun backen. Anschließend aus der Pfanne nehmen und zur Seite stellen.

**3** Den Stängelkohl in Salzwasser etwa 4 bis 5 Minuten kochen. In der Zwischenzeit in der Pfanne das restliche Olivenöl erhitzen, die Knoblauchzehe darin andünsten, die Anchovis zugeben und in der Pfanne mit einem Kochlöffel so lange verrühren, bis sie komplett aufgelöst sind. Die Knoblauchzehe aus der Pfanne nehmen.

**4** Den Kohl mit einer Schaumkelle aus dem kochenden Wasser mit in die Pfanne geben und alles gut mischen. Die Orecchiette direkt im Wasser des Stängelkohls al dente (bissfest) kochen und dann mit 1 Schuss Nudelwasser mit in die Pfanne zum Kohl geben.

**5** Alles gut miteinander mischen, noch mal mit Salz abschmecken. Mit Olivenöl beträufeln und mit dem gerösteten Paniermehl bestreut servieren.

Zubereitungszeit: ca. 30 Min.

Portionen: 4

**Oben und unten links: die berühmten Trulli von Alberobello.**

**Unten rechts: Ingrid und Götz Müller, zwei Freunde, für die ich vor deren Trullo gekocht habe.**

Beim Kochen der Orecchiette con cima di rapa. Zubereitet mit den handgemachten Orecchiette der „nonne“aus Baris Altstadt.

# Tiella di riso e patate

## REIS-KARTOFFEL-AUFLAUF

*Ein Klassiker aus der traditionellen Küche Apuliens. Tiella, abgeleitet von „teglia", was „Pfanne" bedeutet, wird vor allem in Bari als Hauptspeise serviert. Im Prinzip erinnert dieses Gericht an eine Paella aus Spanien. Muscheln, Kartoffeln, Zwiebeln, Reis und Tomaten spielen hierbei die Hauptrollen.*

### ZUTATEN

2 kleine Zwiebeln

1 Knoblauchzehe

4 Tomaten

6 mittelgroße Kartoffeln

1 kleines Bund glatte Petersilie

1 l Gemüsebrühe

800 g Miesmuscheln

3–4 EL Olivenöl

Salz

Pfeffer aus der Mühle

300 g Risotto-Reis (Carnaroli)

3 EL Paniermehl

3 EL geriebener Pecorino

**Außerdem:**

Fett für Form oder Pfanne

Zubereitungszeit: ca. 30 Min.

Garzeit: ca. 60 Min.

Portionen: 4–6

### ZUBEREITUNG

**1** Die Zwiebeln und den Knoblauch schälen und in Scheiben schneiden. Die Tomaten waschen, in Scheiben schneiden, dabei die Stielansätze entfernen. Die Kartoffeln schälen, waschen und in Scheiben schneiden. Die Petersilie waschen, trocken schütteln und die Blättchen fein hacken. Die Gemüsebrühe erhitzen. Den Backofen auf 180 °C vorheizen.

**2** Die Muscheln unter fließendem kaltem Wasser gründlich säubern, geöffnete Muscheln aussortieren. Die geschlossenen Muscheln zudeckt in etwas Öl kurz andünsten, bis sie sich öffnen. Geschlossene Muscheln wegwerfen. Den Sud aufheben.

**3** Eine Auflaufform oder eine ofenfeste Pfanne mit Olivenöl einfetten, eine Lage Zwiebeln, Knoblauch, Tomaten, Kartoffeln und halbierte Muscheln einschichten, mit etwas Salz, Pfeffer und gehackter Petersilie würzen und eine Handvoll Reis darüber streuen. Die nächste Schicht wieder mit etwas Olivenöl, Knoblauch und Zwiebeln beginnen, wieder Tomaten, Kartoffeln, Muscheln, Salz, Pfeffer, Petersilie und Reis zugeben und so lange schichten, bis die Form oder Pfanne mit diesen Zutaten gefüllt ist.

**4** Das Paniermehl und den Pecorino darüberstreuen. Den Muschelsud in die Gemüsebrühe geben und die Flüssigkeit über die Zutaten gießen.
Die Form mit Alufolie bedecken und etwa 30 Minuten im Ofen garen, die Folie abnehmen und weitere 30 Minuten garen. Kurz abkühlen lassen und nach Belieben mit einem gemischten Salat servieren.

STAUB

# Bombette pugliesi

## GEFÜLLTE ROULADEN

*Kein Sommerfest, an dem nicht die Bombette aufgespießt über dem Grill brutzeln und ihr Duft durch alle Gassen zieht. Idealerweise werden sie aus dünn geklopftem Schweinenacken gemacht. Für die Füllung aus Käse, Salami oder Capocollo, einer regionalen Wurstspezialiät, und verschiedenen Kräutern hat jeder sein eigenes Rezept.*

### ZUTATEN

8 dünne Scheiben Schweinenacken
Salz
Pfeffer aus der Mühle
1 kleines Bund glatte Petersilie
½ Glas getrocknete Tomaten (ca. 70 g)
50 g Pecorino
8 Scheiben Salami oder Capocollo (italienische Wurstspezialität)
6 EL gehackte Mandeln
Chiliflocken nach Belieben
2 EL Olivenöl zum Braten in der Pfanne

**Außerdem:**

4 Schaschlikspieße

Zubereitungszeit: ca. 40 Min.
Portionen: 4

### ZUBEREITUNG

**1** Das Fleisch mit Frischhaltefolie abdecken und mit dem Fleischklopfer noch etwas dünner klopfen. Auf beiden Seiten mit Salz und Pfeffer würzen.

**2** Die Petersilie waschen, trocken schütteln und die Blättchen fein hacken. Die getrockneten Tomaten abtropfen lassen und fein schneiden. Den Pecorino fein reiben.

**3** Je 1 Scheibe Salami oder Capocollo auf das Fleisch legen. Jeweils Petersilie, getrocknete Tomaten, Pecorino, gehackte Mandeln und nach Belieben etwas Chili darüberstreuen.

**4** Zuerst die Seiten der Fleischstücke einklappen, damit die Füllung nicht auslaufen kann. Dann das Fleisch aufrollen und je 2 Bombette auf einen Schaschlikspieß stecken. Die Bombette von jeder Seite etwa 10 bis 15 Minuten grillen oder in einer Pfanne im Öl bei mittlerer Hitze braten. Dazu wird üblicherweise Weißbrot oder angebratenes Gemüse serviert.

# Pollo cusutu n'culu

## GEFÜLLTES BRATHÄHNCHEN

*Ein sehr beliebtes und traditionelles Gericht, besonders im Salento und vor allem um die Weihnachtszeit. Für die Füllung benutzen die Hausfrauen Apuliens auch das Hähnchenherz und die Lunge. Weil bei uns selten Hähnchen mit Innereien angeboten werden, muss man die Innereien in der Regel separat kaufen.*

### ZUTATEN

1 ganzes Brathähnchen (wenn möglich Freiland)

1 kleine Zwiebel

2 Knoblauchzehen

5 getrocknete Chilischoten

2 Zweige Rosmarin

100 g Pancetta (italienischer Bauchspeck) in Scheiben

Olivenöl

Salz

Pfeffer aus der Mühle

**Außerdem:**

Küchengarn

Zuberetiungszeit: ca. 25 Min.

Garzeit: ca. 1 Std.

Portionen: 4

### ZUBEREITUNG

**1** Das Hähnchen, wenn nötig, ausnehmen und gründlich von außen und innen unter fließendem kaltem Wasser abwaschen. Mit Küchenpapier trocken tupfen. Den Backofen auf 200 °C vorheizen.

**2** Die Zwiebel und den Knoblauch schälen, beides fein würfeln. Die Chilischoten fein hacken. Den Rosmarin waschen und trockenschütteln, die Nadeln fein hacken. Pancetta klein schneiden. Alles in eine Schale geben, mit etwas Olivenöl mischen, salzen und pfeffern. Wer Herz und Lunge benutzen möchte: Beides waschen, trocken tupfen, klein hacken und mit den übrigen Zutaten in der Schale mischen.

**3** Die Hähnchenbeine und die Flügel mit Küchengarn an den Körper binden, damit sie nicht im Ofen verbrennen.

**4** Das Hähnchen mit der vorbereiteten Masse füllen, rundherum salzen und mit Olivenöl bestreichen, etwa 1 Stunde im Ofen garen. Zwischendurch die austretende Bratflüssigkeit mit einem Löffel immer wieder über das Hähnchen gießen. Als Beilage schmecken Rosmarinkartoffeln, ebenfalls aus dem Backofen, besonders gut.

# Scapece di Gallipoli

## FRITTIERTER FISCH IN SEMMELBRÖSELN

*Ein traditionelles Rezept der Fischer Apuliens. Mit nur wenigen Zutaten konnte dieses Gericht schon auf den Fischerbooten vorbereitet werden, um es dann, meist einen Tag später, direkt am Ufer aus Holzfässern zu verkaufen. Normalerweise verwendet man dafür in Apulien eine Art Meerbrasse, einfachheitshalber benutze ich Sardinen. Die sind auch in Deutschland problemlos zu bekommen.*

### ZUTATEN

1 kg Sardinen,
bereits ausgenommen
Salz
200 g Weizenmehl Type 00
(oder Pizzamehl)
2 l Sonnenblumenöl
2 Päckchen Safranfäden
1 l Weißweinessig
ca. 1 kg Semmelbrösel
Olivenöl
glatte Petersilie

### ZUBEREITUNG

**1** Die Sardinen waschen und mit Küchenpapier trocken tupfen. 1 Prise Salz in das Mehl geben und die Fische im Mehl wenden.

**2** Das Öl in einem großen Topf oder einer Fritteuse auf 170 °C erhitzen. Die Fische darin portionsweise frittieren. Auf Küchenpapier abtropfen lassen.

**3** Den Safran in dem Weißweinessig auflösen. Die Semmelbrösel nach und nach in den Weißweinessig geben, bis eine feste Masse entsteht.

**4** Eine Schicht der Semmelbröselmasse in eine Auflaufform geben, darauf eine Lage der frittierten Fische schichten. Den Vorgang wiederholen, bis die Fische aufgebraucht sind. Die letzte Schicht sollen Semmelbrösel sein. Die Fische über Nacht im Kühlschrank durchziehen lassen.

**5** Die Fische mit den Semmelbröseln, etwas Olivenöl und ein paar Zweigen glatter Petersilie servieren. Traditionell wird dieses Gericht mit den Händen gegessen und lediglich ein Stück Brot dazugegessen.

Zubereitungszeit: ca. 40 Min.
Ruhezeit: über Nacht
Portionen: 4

**Oben rechts und links: In Baris Altstadt auf der Suche nach den „nonne“, die die Pasta herstellen.**

**Unten links: Cavallo Murgese, eine alte italienische Pferderasse, im Allevamente San Paolo, einer berühmten Pferdezucht.**

**Unten rechts: Cisternino.**

Oben und Mitte: Das Küstenstädtchen Monopoli.

Unten links und rechts: Locorotondo.

# Panzerotti fritti

## FRITTIERTE TEIGTASCHEN

*Panzerotti sind frittierte, gefüllte Teigstücke, die wie ein Halbmond aussehen. Man bekommt sie vor allem als Streetfood auf den Straßen in Lecce und Bari. Großeltern bereiten dieses Gericht auch gerne ihren Enkeln zu. Füllen kann man Panzerotti mit allem, was einem schmeckt, etwa mit Ragù und Mozzarella oder mit Schinken und Mortadella. Die klassischste Füllung ist allerdings die mit Tomatensauce, Mozzarella und einem Hauch Oregano.*

### ZUTATEN

500 g Weizenmehl Type 00
(oder Pizzamehl)
500 g Manitoba-Mehl
(in ital. Feinkostläden erhältlich)
7 g Hefe
10 g Zucker
20 g grobes Salz
15 ml Olivenöl
500 g Mozzarella
200 ml passierte Tomaten
Salz
Oreganoblättchen
1–2 l Sonnenblumenöl zum Frittieren

**Außerdem:**
Mehl zum Arbeiten

Zubereitungszeit: ca. 1 Std.
Ruhezeit: ca. 2 Std.
Portionen: ca. 20 Stück

### ZUBEREITUNG

**1** Die Mehlsorten in einer Schüssel mischen. Die Hefe mit dem Zucker und 5 EL Wasser zu einem Vorteig verrühren. Zum Mehl geben.

**2** Das grobe Salz mit 500 ml kaltem Wasser verrühren und nach und nach zum Mehl gießen, dabei den Teig mit einer Hand verrühren. Das Olivenöl zum Teig geben und untermischen.

**3** Den Teig aus der Schüssel nehmen und mit den Händen auf der bemehlten Arbeitsfläche zu einem elastischen Teig kneten. Sobald er nicht mehr klebrig ist und sich gut verarbeiten lässt, daraus etwa 20 kleine Teigkugeln formen, auf ein mit Backpapier belegtes Blech legen und etwa 2 Stunden im ausgeschalteten Backofen ruhen lassen.

**4** In der Zwischenzeit den abgetropften Mozzarella in kleine Würfel schneiden, mit den passierten Tomaten mischen, mit Salz und Oregano abschmecken.

**5** Die Teigkugeln mit einem Nudelholz zu kleinen, runden Pizzen ausrollen und jeweils etwa 2 EL Mozzarellamischung in die Mitte setzen. Den Teig jeweils zu einem Halbmond umklappen. Die Ränder erst mit den Fingern, dann mit einer Gabel festdrücken.

**6** Das Sonnenblumenöl in einem Topf oder in einer Fritteuse auf 170 °C erhitzen und die Panzerotti darin portionsweise goldbraun frittieren. Auf Küchenpapier abtropfen lassen.

# Cartellate

## WEIHNACHTSGEBÄCK

*Weihnachten in Apulien ist ohne dieses Gebäck undenkbar. Es wird in vielen Varianten zubereitet. Manche bestäuben es mit Puderzucker, andere tauchen es in heißen Honig. Meistens gibt es jedoch Cartellate, getränkt mit Vincotto.*

### ZUTATEN

300 g Weizenmehl Type 00 (oder Pizzamehl)
120 ml Weißwein
30 ml Olivenöl
300 ml Vincotto
ca. 1 l Rapsöl

Zubereitungszeit: ca. 40 Min.
Ruhezeit: ca. 6 ½ Std.
Portionen: ca. 28 Stück

### ZUBEREITUNG

**1** Das Mehl in eine Schüssel geben. Den Weißwein mit dem Öl leicht erwärmen, aber nicht kochen lassen, vorsichtig in das Mehl gießen und alles nach und nach zu einem glatten Teig verarbeiten. Den Teig erst auseinanderziehen und dann mehrmals zusammenfalten, ähnlich wie ein Handtuch. In Frischhaltefolie wickeln und etwa 30 Minuten ruhen lassen.

**2** Den Teig etwa 2 mm dünn ausrollen – möglichst mit einer Pastamaschine, sonst mit einem Nudelholz. Etwa 3 cm breite und 30 cm lange Streifen schneiden, am besten mit einem wellenförmigen Teigschneider.

**3** Im Abstand von knapp 4 cm die Seiten der Teigstreifen so zusammendrücken, dass kleine Taschen entstehen. Die Streifen dafür der Länge nach zur Hälfte nach oben klappen, aber nur alle 4 cm den Teig an diesen Stellen zusammendrücken. Diese Teigbänder mit den kleinen Teigtaschen dann jeweils kreisförmig zu einer Art Rose einrollen und die Seiten und Enden dabei aneinanderdrücken. Die Cartellate auf Küchentücher legen und etwa 6 Stunden trocknen lassen.

**4** Den Vincotto erwärmen. Das Öl in einem Topf oder einer Fritteuse auf 170 °C erhitzen und die Cartellate darin goldbraun frittieren. Auf Küchenpapier abtropfen lassen und das warme Gebäck noch kurz im Vincotto tränken.

**VINCOTTO – GEKOCHTER WEIN:** ist eine süditalienische Spezialität. Traubenmost, teilweise aus getrockneten Trauben, wird stark eingekocht, der Sirup dann mit etwas Essig versetzt und vier Jahre in Eichenfässern gelagert.

# Pasticciotto

## CREMEPASTETCHEN

*Natürlich isst man auch in Apulien ein gefülltes Croissant am Morgen, doch das Besondere in den Bars ist ein warmes Pasticciotto, gefüllt mit Ricotta oder der Crema Pasticcera und, als besonderes i-Tüpfelchen, mit einer süßen Amarenakirsche. In Süditalien benutzt man ursprünglich für den Mürbeteig Schweineschmalz, ich verwende lieber Butter.*

### ZUTATEN

**Für die Creme:**

6 Eigelb
150 g Zucker
50 g Mehl
1 Vanilleschote
500 ml Milch

**Für den Teig:**

1 Vanilleschote
250 g kalte Butter
500 g Weizenmehl Type 00 (oder Pizzamehl)
4 Eigelb
200 g Puderzucker

**Außerdem:**

Fett und Mehl für die Förmchen
ca. 15 Amarenakirschen
3 EL Sahne
1 Eigelb

Vorbereitungszeit: ca. 40 Min.
Kühlzeit: 30 Min.
Backzeit: ca. 35 Min.
Portionen: ca. 15 Stück

### ZUBEREITUNG

**1** Für die Creme die Eigelbe mit dem Zucker zu einer dicken Creme verquirlen, dann das Mehl unterrühren.

**2** Vanilleschote längs aufschneiden, Mark herauskratzen. Die Milch mit dem Vanillemark in einem Topf erhitzen, vom Herd nehmen. Etwas warme Milch unter die Eiercreme rühren, dann alles in den Milchtopf zurückgießen und unter Rühren erhitzen, bis die Masse dickflüssig ist. Abkühlen lassen und kalt stellen.

**3** Für den Teig die Vanilleschote längs aufschneiden und das Mark herauskratzen. Die Butter in Würfel schneiden. Mit dem Mehl, den Eigelben, dem Puderzucker und dem Vanillemark zu einem glatten Teig kneten. In Folie gewickelt etwa 30 Minuten in den Kühlschrank legen.

**4** Den Ofen auf 180 °C vorheizen. Ovale Ofenförmchen oder Muffinförmchen einfetten und mit etwas Mehl bestäuben. Den Teig ausrollen, etwa 15 Teigstücke so groß wie die Förmchen für die Deckel ausschneiden. Den Rest des Teiges etwas größer als die Förmchen ausschneiden. Die Förmchen damit auslegen, sodass auch die Seiten belegt sind.

**5** Etwas Creme auf den Teig geben, eine Kirsche in die Mitte setzen, noch mal Creme darübergeben, aber nicht randvoll füllen. Die Teigdeckel darüberlegen und die Seiten vorsichtig festdrücken.

**6** Sahne und Eigelb verquirlen. Die Deckel damit bestreichen. Die Pasticciotto im Ofen etwa 30 bis 35 Minuten goldbraun backen und warm servieren.

FRESH
LEMON
JUICE

DIE BESTEN REZEPTE AUS

# Campania

## KAMPANIEN – LECKERE PASTA, WELTBESTE PIZZA

Atemberaubende Orte wie Amalfi, die Inseln Capri und Ischia sowie die geschichtsträchtigen Städte Pompeji und Paestum sind hier zu Hause. Doch nichts ist magischer und anziehender als eine der pulsierendsten Metropolen Italiens: Neapel. Die Hauptstadt Kampaniens und Weltstadt der Pizza mit angeblich 1500 Pizzerien schläft nie. Kampanien ist bekannt für seine bodenständige Küche. Unzählige Pastagerichte stammen aus dieser Region. Doch das Wichtigste ist und bleibt die Liebe zur Pizza napoletana. Eine besondere Teigführung, frischer Mozzarella, die sehr aromatische San-Marzano-Tomate und würzige Basilikumblätter machen diese Pizza zur wahrscheinlich besten der Welt!

# Friarielli e Salsiccia

## STÄNGELKOHL UND SALSICCIA

*Das Gericht gehört zu der Küche der Landwirte und kommt meist in der kalten Jahreszeit auf den Tisch. Nennt man den Stängelkohl sonst in Italien Cima di Rapa, sagen die Neapoletaner Friarielli. Ein Gemüse, das im Süden Italiens wie Unkraut wächst und zur Familie des wilden Brokkolis gehört.*

### ZUTATEN

3 Bund Cima di Rapa (Stängelkohl; ersatzweise Brokkoli)
4 Knoblauchzehen
1 getrocknete Chilischote
5 EL Olivenöl
Salz
8 Salsicce (grobe italienische Bratwürste)
100 ml trockener Weißwein

### ZUBEREITUNG

**1** Den Stängelkohl unter fließendem kaltem Wasser waschen, gelbliche Blätter und die dicken Stiele entfernen. In einem Sieb etwas abtropfen lassen und in Stücke schneiden. Den Knoblauch schälen, 2 Knoblauchzehen in Streifen schneiden, die anderen ganz lassen. Die Chilischote halbieren, die Kerne entfernen.

**2** Die Knoblauchstreifen und die Chilischote mit 3 EL Öl in einer großen Pfanne erhitzen. Sobald das Olivenöl heiß ist und das Fett kleine Blasen schlägt, den Stängelkohl dazugeben. Zugedeckt etwa 15 Minuten braten, darauf achten, dass nichts anbrennt. Der Stängelkohl wird ganz weich und fällt zusammen. Mit Salz abschmecken.

**3** Die Salsicce von beiden Seiten mit einem Messer leicht einschneiden. In einer zweiten Pfanne das restliche Olivenöl und die ganzen Knoblauchzehen erhitzen. Salsicce von jeder Seite etwa 10 Minuten braten. Mit dem Weißwein ablöschen. Sobald die Flüssigkeit aufgesogen ist, kommen die Würste zu dem Stängelkohl. Dazu frisches Weißbrot servieren.

Zubereitungszeit: ca. 50 Min.
Portionen: 4

# Frittatine di pasta napoletana

## FRITTIERTE PASTA

*Neapel ist bekannt für sein außergewöhnliches Angebot an Streetfood. Frittierte Pasta hat dabei eine lange Tradition. In verschiedenen Varianten bieten selbst die vielen Pizzerien Neapels frittierte, gefüllte und ungefüllte Pasta an. Dieses Rezept hier ist nicht sehr kompliziert und für mich eines der besten überhaupt.*

### ZUTATEN

**Für die Béchamelsauce:**

1 l Milch
100 g Butter
100 g Mehl
Salz
frisch geriebene Muskatnuss

**Für die Pasta:**

500 g Bucatini
(dicke, lange Nudeln mit Loch)
Salz
150 g gekochter Schinken
1 Knoblauchzehe
2 EL Olivenöl und
Olivenöl zum Mischen
75 g TK-Erbsen
200 g Mehl

**Außerdem:**

Sonnenblumen- oder Rapsöl
zum Frittieren

Zubereitungszeit: ca. 50 Min.
Kühlzeit: ca. 1 Std.
Portionen: ca. 12

### ZUBEREITUNG

**1** Für die Béchamelsauce die Milch in einem Topf erwärmen. In einem zweiten Topf die Butter erhitzen, das Mehl einrühren, dann die warme Milch nach und nach dazugeben. Unter ständigem Rühren cremig werden lassen, mit Salz und Muskatnuss abschmecken. Den Topf beiseitestellen.

**2** Die Pasta in Salzwasser al dente (bissfest) kochen. In der Zwischenzeit den Schinken in Würfel schneiden und den Knoblauch schälen. In einer Pfanne das Olivenöl erhitzen. Den Schinken, den Knoblauch und die Erbsen darin andünsten. Den Knoblauch wieder entfernen.

**3** Die Pasta abtropfen lassen, in grobe Stücke schneiden und in einer Auflaufform mit etwas Olivenöl mischen. Schinken und Erbsen dazugeben, die Béchamelsauce darübergießen und untermischen. Abgedeckt etwa 1 Stunde in den Kühlschrank stellen.

**4** Die kalte Pasta mit einem Dessertring (ca. 5 cm ø) ausstechen. Es sollten etwa 12 Portionen werden.

**5** In einer Schüssel das Mehl mit 320 ml Wasser zu einer cremigen Masse verrühren. Die Pasta darin wenden. Das Pflanzenöl in einem Topf oder in einer Fritteuse auf 170 °C erhitzen und die Pasta darin frittieren. Auf Küchenpapier abtropfen lassen und servieren.

# Pasta e Patate

## NUDELN MIT KARTOFFELN

*Dieses Pastagericht ist eines der traditionellsten Neapels. Jede Familie hat ihr eigenes Rezept und die vielen Restaurants bieten unzählige Varianten. Pasta e patate gehört zu den Gerichten der Cucina povera, der Küche der armen Leute. Es kommt mit nur ein paar Zutaten aus und steckt doch voller Geschmack.*

### ZUTATEN

100 g Lardo (fetter italienischer Speck) oder Guanciale (durchwachsener Speck aus der Schweinebacke)
8–10 große Kartoffeln
1 Zwiebel
1 Stück Sellerie
1 Möhre
1 Rosmarinzweig
1 EL Tomatenmark
Salz
Pfeffer aus der Mühle
1 Stück Parmesanrinde
400 g gemischte Nudelsorten
gemahlene Chilischote
Olivenöl zum Beträufeln
Parmesan zum Bestreuen

Zubereitungszeit: ca. 1 Std.
Portionen: 4

### ZUBEREITUNG

**1** Den Speck in kleine Würfel schneiden. Die Kartoffeln schälen, waschen und in kleine Würfel oder Scheiben schneiden. Die Zwiebel, den Sellerie und die Möhre schälen und in kleine Würfel schneiden. Den Rosmarinzweig abbrausen und trocken schütteln.

**2** Den Speck in der Pfanne auslassen. Die Kartoffeln, das übrige Gemüse und den Rosmarinzweig dazugeben und kurz andünsten.

**3** Das Tomatenmark mit 1 l heißem Wasser verrühren, in die Pfanne geben, mit Salz und Pfeffer würzen, die Parmesanrinde zugeben und das Ganze köcheln lassen, bis die Kartoffeln weich sind.

**4** Die Nudeln und ½ l heißes Wasser zugeben und die Nudeln darin bissfest kochen. Es soll eine cremige Sauce entstehen, wenn nötig, noch etwas Wasser zugießen. Den Rosmarin und die Parmesanrinde entfernen. Mit Salz, Pfeffer und gemahlener Chilischote abschmecken. Mit Olivenöl beträufeln und mit Parmesan bestreuen.

Oben und unten rechts: Das „Ristorante Pizzeria Le Grotticelle“ in Caggiano ist Platz zehn der besten Pizzerien weltweit.

Unten links: Foodjournalistin Barbara Guerra, Domenico Gentile und Koch Peppe Guida.

Mitte: Eine Schüssel voller schwarzer Trüffel.

Rechts oben: Peppe Guida in seinem Restaurant in Vico Equense.

Grotticelle

# Pasta alla genovese

## PASTA MIT GESCHMORTEM RINDFLEISCH

*Der Sugo genovese, bei dem Fleisch mit sehr vielen Zwiebeln mehrere Stunden bei schwacher Hitze geschmort wird, hat seinen Ursprung im Mittelalter, als Händler mit dem Schiff von Genua nach Neapel kamen. Er wird nicht nur mit Pasta, sondern oft auch ohne Nudeln als Hauptgang serviert und ist somit eines der wenigen bedeutenden Fleischgerichte in dieser Region.*

### ZUTATEN

1 Möhre
2 Stangen Staudensellerie
1 kg weiße Zwiebeln
600 g Rindfleisch aus der Schulter oder Oberschale
3 EL Olivenöl
½ Bund glatte Petersilie
1 Lorbeerblatt
100 ml trockener Weißwein
Salz
Pfeffer aus der Mühle
320 g Ziti (dicke, lange Nudeln mit Loch)
Parmesan zum Bestreuen

**Außerdem:**
Küchengarn

Zubereitungszeit: ca. 30 Min.
Schmorzeit: ca. 4 Std.
Portionen: 4

### ZUBEREITUNG

**1** Die Möhre putzen und schälen, den Staudensellerie putzen und waschen, beides in sehr feine Würfel schneiden. Die Zwiebeln schälen und in Streifen schneiden. Das Rindfleisch in grobe Stücke schneiden.

**2** Die Möhren- und Selleriewürfel in einem großen Topf im Olivenöl anbraten, die Zwiebeln dazugeben und zum Schluss das Fleisch anbraten. Die Petersilie abbrausen, trocken schütteln und mit dem Lorbeerblatt mit Küchengarn zusammenbinden und in den Topf geben. Zugedeckt bei schwacher Hitze etwa 3 Stunden ohne weitere Flüssigkeit garen.

**3** Die Kräuter aus dem Topf nehmen. 1 Schuss Wein zugießen, mit Salz und Pfeffer würzen und bei mittlerer Hitze 1 weitere Stunde ohne Deckel köcheln lassen. Dabei immer wieder etwas Wein dazugießen, aber nur so viel, dass der Sugo etwas feucht, aber nicht flüssig ist.

**4** Die Nudeln in reichlich Salzwasser al dente (bissfest) garen. Einige Fleischstücke aus dem Sugo herausnehmen, in feine Streifen schneiden und kurz warm stellen. Die Pasta mit dem Sugo mischen. Auf tiefen Tellern mit den Fleischstreifen anrichten, mit geriebenem Parmesan und grobem Pfeffer bestreut servieren.

# Gnocchi alla sorrentina

## KARTOFFELKLÖSSCHEN

*Kaum zu glauben, wie viele Rezept aus Neapel und Umgebung stammen. So viele Klassiker, so viele authentische, traditionelle Gerichte. Diese Gnocchi alla sorrentina zum Beispiel, die heute in ganz Italien bekannt und beliebt sind. Die klassischen Gnocchi alla sorrentina werden mit Mozzarella Fior di Latte gemacht. Diese besondere Frischkäsespezialität wird in Kampanien aus Kuhmilch hergestellt.*

### ZUTATEN

500 g Kartoffeln

Salz

100 g Parmesan

1 Kugel Mozzarella Fior di Latte (125 g)

1 kleines Bund Basilikum

1 Knoblauchzehe

3 EL Olivenöl

700 ml passierte Tomaten

Pfeffer aus der Mühle

1 Ei

ca. 300 g Mehl

**Außerdem:**

Mehl für die Arbeitsfläche

Olivenöl zum Beträufeln

Zubereitungszeit: ca. 45 Min.

Backen: ca. 15 Min.

Portionen: 4

### ZUBEREITUNG

**1** Die Kartoffeln waschen und in Salzwasser weich kochen. Den Parmesan reiben und den abgetropften Mozzarella in Streifen schneiden. Das Basilikum waschen und trocken schütteln.

**2** Den Knoblauch schälen und in einem kleinen Topf mit dem Olivenöl erhitzen. Die passierten Tomaten dazugeben. Mit etwas Salz und Pfeffer würzen, ein paar Basilikumblättchen klein zupfen und zur Sauce geben. Etwa 25 Minuten köcheln lassen.

**3** Die leicht abgekühlten Kartoffeln pellen, zerstampfen und auf einer bemehlten Arbeitsfläche ausbreiten. Ei verquirlen und über die Kartoffeln geben. Etwas Salz und das Mehl darüberstreuen. Alles sorgfältig zu einem festen Teig verarbeiten. Je nachdem, wie feucht die Kartoffeln sind, noch etwas Mehl zugeben. Der Teig soll gut haften, aber nicht mehr klebrig sein.

**4** Den Teig in 2 Hälften teilen und 2 lange Stränge (à ca. 2 cm ø) daraus rollen. Die Kartoffelstränge in etwa 2 cm große Stücke schneiden. Perfekte Gnocchi rollt man auf einem Rillenbrett. Oder man zieht den Rücken einer Gabel mit leichtem Druck über die Gnocchi.

**5** Die Gnocchi auf Küchentücher legen. Den Backofen auf 180 °C vorheizen. Gnocchi in Salzwasser kochen, bis sie an die Oberfläche steigen, und anschließend in einem Sieb abtropfen lassen.

**6** Die Gnocchi in einer Schüssel mit etwa zwei Drittel der Tomatensauce mischen. Die übrige Sauce in eine Auflaufform gießen, mit ein paar Spritzern Olivenöl beträufeln. Dann nacheinander Gnocchi, Mozzarella und Parmesan in die Form schichten, bis alles verbraucht ist. Die Gnocchi etwa 15 Minuten im Ofen überbacken. Mit dem übrigen frischen Basilikum garniert servieren.

Oben und unten: Die Burg „Castellammare di Stabia“ bietet einen schönen Blick auf den Golf von Neapel.

Mitte: Ein Spaziergang durch die Gassen von Sorrent.

# Paccheri allo Scarpariello

## RÖHRENNUDELN MIT TOMATEN

*Pasta, ein paar sonnengereifte „pummarole", wie die Neapolitaner ihre Tomaten nennen, etwas Olivenöl, geriebener Käse und Basilikum. All das könnte man schon fast als die Grundzutaten der Küche Kampaniens bezeichnen. Weniger ist eben doch oft mehr.*

### ZUTATEN

1 Knoblauchzehe
1 getrocknete Chilischote
400 g lange reife Datteltomaten
70 g Pecorino
70 g Parmesan
3 EL Olivenöl
250 g Paccheri (Röhrennudeln)
Salz
Pfeffer aus der Mühle

**Außerdem:**

geriebener Pecorino oder Parmesan zum Bestreuen
Basilkumblättchen zum Garnieren
Olivenöl zum Beträufeln

Zubereitungszeit: ca. 30 Min.
Portionen: 4

### ZUBEREITUNG

**1** Den Knoblauch schälen und in Scheiben schneiden. Die Chilischote längs halbieren und entkernen. Die Tomaten waschen, vierteln und dabei die Stielansätze entfernen. Den Pecorino und den Parmesan reiben.

**2** Das Olivenöl erhitzen, Knoblauch und Chili darin anrösten. Die Hitze reduzieren, die geviertelten Tomaten zugeben und in der Pfanne langsam weich werden lassen. Die Nudeln in Salzwasser etwas fester als al dente (bissfest) kochen.

**3** Eine Kelle Nudelwasser zu den Tomaten geben, die beiden geriebenen Käsesorten untermischen, die Sauce salzen und pfeffern. Die Nudeln abgießen, zu den Tomaten geben und in der Sauce zu Ende garen. Die Chilischote herausfischen, alles gut mischen. Mit geriebenem Käse, ein paar Blättern Basilikum und 1 Schuss Olivenöl servieren.

In der „Dispenza di San Salvatore" in Paestum versuchte ich mich an der Mozzarella-Zubereitung. Im zugehörigen Restaurant bietet Manager Antonello mit seinem Team traditionelle Küche mit den eigenen Produkten an.

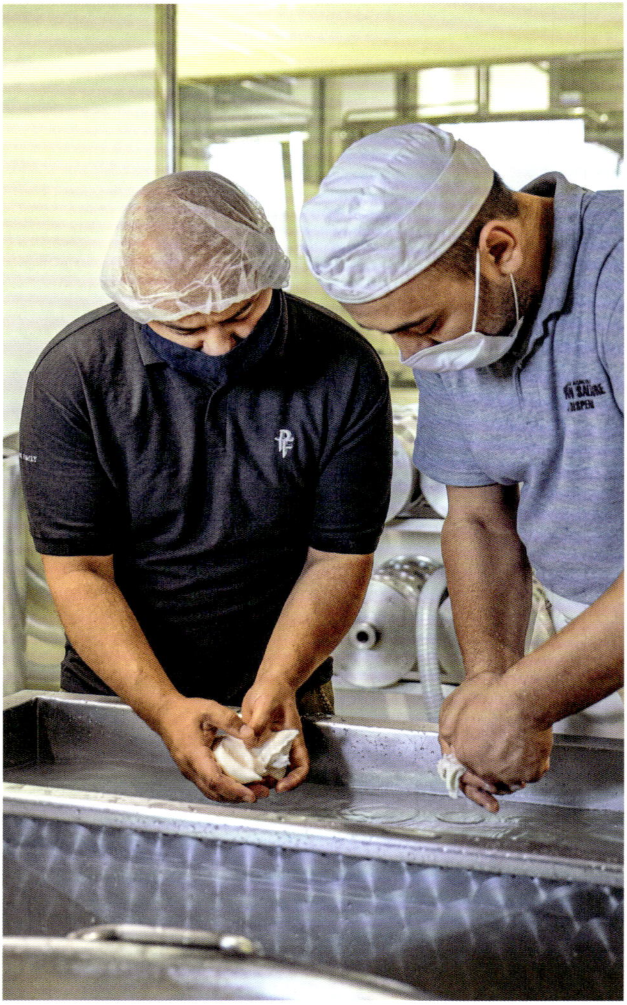

Zu Besuch beim Tomaten-
produzenten Solania:
Hier werden San-Marzano-
Tomaten der höchsten
Qualitätsstufe geerntet
und verarbeitet.

# Spaghetti alle Vongole

## SPAGHETTI MIT VENUSMUSCHELN

*Ein Pastagericht, das heute in ganz Italien bedeutend ist, aber seinen Ursprung in Kampanien hat. Spaghetti mit echten Venusmuscheln, die man in Italien „vongole verace" nennt, kann man sowohl „bianco", mit Weißwein, als auch mit „sugo", Tomatensauce, zubereiten. Ich liebe die Variante mit Knoblauch, Peperoni und Weißwein und bevorzuge als Pasta die dicken Spaghettoni, die Sie manchmal im italienischen Feinkostladen bekommen.*

### ZUTATEN

1 kg Venusmuscheln

1 Knoblauchzehe

1 kleine getrocknete Chilischote

1 kleines Bund glatte Petersilie

3 EL Olivenöl

100 ml trockener Weißwein

400 g Spaghetti oder Spaghettoni

Salz

Pfeffer aus der Mühle

Zubereitungszeit: ca. 50 Min.

Portionen: 4

### ZUBEREITUNG

**1** Die Muscheln unter fließendem kaltem Wasser gründlich säubern. Bei starker Verunreinigung der Schale eine Bürste oder einen Stahlschwamm verwenden. Geöffnete Muscheln aussortieren.

**2** Den Knoblauch schälen. Die Chilischote längs halbieren und entkernen. Die Petersilie waschen, trocken schütteln und die Blättchen fein hacken.

**3** Das Öl in der Pfanne erhitzen, die Knoblauchzehe, die Chilischote, etwas Petersilie und die Muscheln dazugeben. Kurz andünsten, mit dem Weißwein ablöschen und etwa 15 Minuten köcheln lassen. Inzwischen die Nudeln in reichlich Salzwasser etwas fester als al dente (bissfest) kochen.

**4** Die Muscheln in ein Sieb gießen, dabei das Muschelwasser in einer Schale auffangen. Geschlossene Muscheln wegwerfen, die Chilischote entfernen. Das Muschelwasser zurück in die Pfanne geben, mit Salz und Pfeffer würzen. Die Nudeln abgießen, in die Pfanne geben und im Muschelwasser zu Ende garen. Mit Salz und Pfeffer abschmecken, die Muscheln dazugeben, den Rest der gehackten Petersilie darübergeben und alles gut miteinander mischen.

# Pizza Margherita tradizionale napoletana

## PIZZA MIT TOMATEN, BASILIKUM UND MOZZARELLA

*Der Pizzaiolo, der italienische Pizzabäcker, wird heute in manchen Region gefeiert wie ein Star. Doch nirgendwo sonst als in Kampanien und speziell in Neapel wird Pizza so zelebriert. Die Pizza napoletana ist UNESCO-Weltkulturerbe, und in Neapel gibt es unzählige Pizza-Weltmeister in den verschiedensten Kategorien. Schließlich wurde hier 1889 zu Ehren der Königin Margherita vom Pizzabäcker Esposito die erste Pizza in den Nationalfarben gebacken. Diese erste Pizza Margherita wird auch heute noch nach demselben Rezept zubereitet und muss sich dabei nach den strengen Vorgaben der „Associazione Verace Pizza Napoletana“ richten.*

### ZUTATEN

**Für den Teig:**

3 g frische Hefe
1 kg Weizenmehl Type 00 (oder Pizzamehl)
Salz
1 EL Olivenöl

**Für den Belag:**

500 g Mozzarella Fior di Latte
1 kleines Bund Basilikum
400 g geschälte Tomaten aus der Dose (am besten die Sorte San Marzano)
1 EL Olivenöl
Salz

**Außerdem:**

Mehl zum Arbeiten

### ZUBEREITUNG

**1** Die Hefe in 700 ml kaltem Wasser auflösen. Das Wasser soll dafür wirklich kalt sein. Das Mehl mit 20 g Salz mischen.

**2** Das Hefewasser und das Olivenöl nach und nach zum Mehl geben und erst mit den Knethaken des elektrischen Handrührgeräts, dann mit den Händen zu einem glatten Teig verkneten. Der Teig soll elastisch werden und nicht mehr so stark kleben, wenn nötig, noch etwas Mehl unterkneten.

**3** Sobald der Teig beim Hochheben nicht mehr an der Arbeitsfläche klebt, den Teig auseinanderziehen und wie ein Handtuch falten, sodass dazwischen immer etwas Luft ist.

**4** Den Pizzateig zugedeckt etwa 1 Stunde an einen kühlen Ort stellen.

**5** Den Teig in 6 Stücke teilen und zu Kugeln formen. Zugedeckt etwa 7 Stunden an einem kühlen Ort ruhen lassen.

**6** Den Mozzarella abtropfen lassen und in feine Streifen schneiden. Das Basilikum waschen und trocken schütteln. Die Tomaten in eine flache Schale füllen und mit der Hand oder mit einer Gabel so fein wie möglich zerdrücken. Ein paar Blätter Basilikum in Stücke zupfen und mit dem Olivenöl und etwas Salz unter die Tomaten mischen.

**7** Etwas Mehl in eine Schüssel geben und die Teigkugeln darin vorsichtig rundherum baden, ohne den Teig dabei zu drücken. Dann die Luft aus dem Teig drücken, damit er schön dünn und knusprig wird. Dafür den Teig auf der Arbeitsfläche mit den Fingern von der Mitte nach außen drücken. Den Rand nicht drücken, denn dort sorgt dann die Luft dafür, dass die Kruste etwas dicker wird. Den Teig umdrehen und wieder mit den Fingern bearbeiten. Den Vorgang wiederholen, bis jede Pizza einen Durchmesser von etwa 30 cm hat.

**8** Den Ofen auf 250 °C vorheizen. Die Pizzen mit der Tomatensauce bestreichen, mit Mozzarella belegen und auf dem Backblech jeweils etwa 10 Minuten knusprig backen. Zuletzt die übrigen Basilikumblätter darüber verteilen.

**TIPP:** Italienische Pizza wird in einem feuer- oder gasbetriebenen Pizzaofen bei bis zu 500 °C gebacken. Sie ist darin in weniger als 90 Sekunden fertig und wird so natürlich perfekt saftig und knusprig. Wer gerne Pizza isst, für den ist ein Pizzaofen für den Hausgebrauch eine tolle Anschaffung. Der Ofen wird bis zu 400 °C heiß. Alternativen sind auch eine Pizzamatte oder ein Pizzablech. Beide haben kleine Löcher, wodurch die Pizza krosser wird. Schön heiß wird auch ein Pizzastein im Grill.

Zubereitungszeit: ca. 30 Min.

Ruhezeit: ca. 8 Std.

Backzeit: ca. 10 Min.

Portionen: 6 Pizzen

# Torta caprese

## SCHOKOLADEN-MANDEL-KUCHEN

*Benannt nach der Insel Capri, soll dieser Kuchen sogar in Verbindung mit dem berüchtigten Mafiaboss Al Capone stehen. Ganz gleich ob das so der Wahrheit entspricht, ist dieser Kuchen etwas ganz Besonderes. Trotz seiner simplen Art und der wenigen Zutaten, die man dafür braucht, schmeckt er saftig und hat einen besonderen Crunch durch die Mandeln.*

### ZUTATEN

250 g dunkle Blockschokolade (70 % Kakaoanteil)
200 g Butter
5 Eier
200 g Zucker
300 g gemahlene Mandeln

**Außerdem:**

1 Backform mit 26 cm ø
Fett für die Form
Puderzucker zum Bestäuben

### ZUBEREITUNG

**1** Den Backofen auf 180 °C vorheizen. Die Schokolade mit dem Messer in kleine Stücke schneiden.

**2** Die Butter in einem Topf langsam erhitzen, vom Herd nehmen, die Schokolade zugeben und unter Rühren darin schmelzen lassen. Darauf achten, dass die Butter nicht zu stark erhitzt wird, sonst klumpt die Schokolade.

**3** Die Eier trennen. Die Eiweiße zu steifem Schnee schlagen. Die Eigelbe mit dem Zucker zu einer dicken Creme schlagen, so lange, bis der Zucker sich vollständig aufgelöst hat und nicht mehr zu spüren ist, wenn man die Creme mit einem Löffel an den Rand drückt.

**4** Die Schokolade mit der Eigelbcreme mischen, den Eischnee unterheben und nach und nach die Mandeln untermischen. Die Backform einfetten und den Teig in die Form füllen. Im Ofen etwa 25 Minuten backen.

**5** Die Torta caprese abkühlen lassen und mit Puderzucker bestäuben.
Es ist wichtig, dass man den Kuchen erst bewegt und anschneidet, wenn er wirklich abgekühlt ist, da er in der Mitte sehr feucht ist und sonst Risse bekommen könnte.

Zubereitungszeit: ca. 30 Min.
Backzeit: ca. 25 Min.
Portionen: ca. 10 Stücke

# Zeppole di San Giuseppe

## FRITTIERTE KRAPFEN

*Am 19. März feiern die Italiener den Vatertag und den Namenstag des Heiligen Giuseppe. Zu seinen Ehren wird in ganz Italien gebacken. Die Frauen machen dann die Zeppole di San Giuseppe. In Neapel haben die Krapfen aus Brandteig schon seit dem 18. Jahrhundert Tradition, sie werden gebacken oder frittiert. Hier die etwas einfachere, frittierte Variante.*

### ZUTATEN

**Für den Teig:**

60 g kalte Butter

150 g Mehl

3 Eier

1 Eigelb

**Für die Creme:**

1 Vanilleschote

500 ml Milch

3 Eigelb

150 g Zucker

50 g Speisestärke

**Außerdem:**

ca. 2 l Rapsöl zum Frittieren

Puderzucker zum Bestäuben

Amarenakirschen

Zubereitungszeit: ca. 1 Std. 20 Min.

Portionen: 6 Stück

### ZUBEREITUNG

**1** Die kalte Butter mit 150 ml Wasser in einem Topf erhitzen. Das Mehl unter ständigem Rühren mit einem Kochlöffel dazugeben, bis ein glatter Teig entsteht. Den Topf vom Herd nehmen und etwas abkühlen lassen. Den Teig in eine Schüssel geben und nach und nach die Eier und das Eigelb unterrühren.

**2** Einen Bogen Backpapier in 6 etwa 15 cm große Quadrate schneiden. Den Teig in eine Spritztüte füllen und je einen Doppelkreis (à ca. 10 cm ø) auf jedes Quadrat spritzen. In der Mitte soll jeweils ein kleines Loch für die Creme bleiben.

**3** Das Öl in einem Topf oder einer Fritteuse auf 170 °C erhitzen und die Kringel darin samt dem Backpapier goldbraun frittieren. Das Backpapier löst sich von allein und muss dann entfernt werden. Die Zeppole auf Küchenpapier abtropfen lassen.

**4** Für die Creme die Vanilleschote längs halbieren, das Mark herauskratzen. Vanillemark mit der Milch erhitzen. Die Eigelbe, den Zucker und die Speisestärke zu einer dicken Creme rühren. Etwas Vanillemilch unter die Eiermasse rühren, dann alles zurück in den Topf zur Milch gießen und vorsichtig unter Rühren erhitzen, bis daraus eine Art Pudding, eine Crema Pasticcera, wird. Zugedeckt abkühlen lassen.

**5** Die Crema in einen Spritzbeutel füllen und die Zeppole damit füllen. Die Krapfen mit Puderzucker bestäuben und in die Mitte der Creme jeweils 1 Amarenakirsche setzen.

DIE BESTEN REZEPTE AUS

# Calabria

## KALABRIEN – ZITRUSFRÜCHTE VON DER STIEFELSPITZE

Kalabrien, meine nächste Etappe, bildet die Stiefelspitze der italienischen Halbinsel Süditaliens. Umgeben vom Tyrrhenischen Meer im Westen und dem Ionischen Meer im Osten trennt Kalabrien das Festland von Sizilien. Es ist das gebirgsreichste Gebiet Italiens mit dem Aspromonte, dem Sila- und Serre-Gebirge sowie dem Pollino mit dem 2267 Meter hohen Serra Dolcedorme. Kalabrien ist eine sehr arme Region, doch verfügt sie über eine enorme Biodiversität. Zitrusfrüchte haben hier einen hohen Stellenwert. Die Bergamotte, Cedri und Limonen sind von besonderer Bedeutung für viele verschiedene Sparten. Genauso Lakritz, Peperoncino, Oliven und die besondere rote Zwiebel von Tropea.

# Pasta e Fagioli Calabresi

## PASTA MIT BOHNEN

*Ein traditionelles süditalienisches Gericht, für das jede Familie ihr eigenes Rezept hat. Eine besondere Version ist sicher diese, bei der man die beliebte Nduja, eine Wurst aus dem kleinen Ort Spilinga, erhitzt und über die Nudeln gibt. Das gibt dem Ganzen eine besondere Würze. Pasta e Fagioli gehört zu den wenigen Gerichten, bei denen man die Pasta direkt mit den Bohnen im Topf kocht. Getrocknete Bohnen sollten dafür über Nacht eingelegt werden, es ist aber nicht unüblich, Borlotti-Bohnen aus der Dose zu verwenden.*

### ZUTATEN

1 Knoblauchzehe
80 g Guanciale (Speck aus der Schweinebacke) oder Speck
400 g geschälte Tomaten aus der Dose (am besten die Sorte San Marzano)
2 EL Olivenöl
400 g Borlotti-Bohnen (eingeweicht oder aus der Dose)
500 ml Gemüsebrühe
Salz
Pfeffer aus der Mühle
rosenscharfes Paprikapulver oder gemahlene Chilischote
frischer Oregano
320 g gemischte Nudelsorten
50 g Nduja di Spilinga (kalabrische Wurstspezialität; ersatzweise scharfe Salami)

**Außerdem:**

Olivenöl zum Beträufeln

Zubereitungszeit: ca. 40 Min.
Portionen: 4

### ZUBEREITUNG

**1** Den Knoblauch schälen. Den Speck in kleine Würfel schneiden. Die Tomaten in eine Schüssel geben und mit den Händen oder mit einem Löffel zerdrücken.

**2** Den Speck mit dem Knoblauch kross anbraten und zur Seite stellen.

**3** Das Olivenöl in einem Topf erhitzen, die Hälfte der Bohnen und 300 ml warme Gemüsebrühe dazugeben, kurz aufkochen und mit dem Stabmixer pürieren.

**4** Die restlichen Bohnen und die zerdrückten Tomaten mit in den Topf geben. Mit Salz, Pfeffer, Paprikapulver oder Chili und Oregano abschmecken. 1 EL gebratenen Speck dazugeben.

**5** Die Nudeln mit in den Topf geben und al dente (bissfest) garen. Dabei immer wieder Brühe und, wenn nötig, etwas Wasser nachgießen, damit der Eintopf nicht zu dickflüssig wird.

**6** Nduja in einem kleinen Topf erwärmen, bis sie weich und flüssiger wird. Pasta auf Suppentellern anrichten. Nduja und den krossen Speck darüber verteilen. Mit ein paar Blättern frischem Oregano und grobem schwarzem Pfeffer bestreuen und mit 1 Spritzer gutem Olivenöl servieren.

# Cavatelli con Salsiccia, Nduja e Mascarpone

## CAVATELLI MIT SALSICCIA, NDUJA UND MASCARPONE

*Dieses Rezept gehört zu den authentischen Gerichten Kalabriens, das ich hier jedoch modern interpretiert habe. Nduja wird noch heute aus dem Fleisch des schwarzen Schweines mit Zugabe von Schweineschmalz, Peperoncino und Gewürzen gemacht. Sie ähnelt in der Konsistenz unserer Leberwurst, ist aber feurig scharf. Diese Wurst wird mit einer Salsiccia kombiniert und, um der Schärfe etwas entgegenzuwirken und das Ganze auszubalancieren, nehme ich Mascarpone.*

### ZUTATEN

4 Salsicce (grobe italienische Bratwürste)
1 rote Zwiebel
1 kleines Bund Petersilie
1 EL Olivenöl
1 EL Nduja di Spilinga (kalabrische Wurstspezialität; ersatzweise scharfe Salami)
50 ml trockener Weißwein
1–2 EL Mascarpone
500 g Cavatelli (kleine, muschelförmige Nudeln)
Pfeffer aus der Mühle
Salz

**Außerdem:**
frisch geriebener Parmesan

Zubereitungszeit: ca. 40 Min.
Portionen: 4

### ZUBEREITUNG

**1** Die Salsicce aus der Pelle lösen, das Brät zerdrücken, sodass es eine Konsistenz wie Hackfleisch bekommt. Die Zwiebel schälen und in kleine Würfel schneiden. Die Petersilie waschen, trocken schütteln und die Blättchen fein hacken.

**2** Das Olivenöl in der Pfanne erhitzen, die Salsicce langsam darin anbraten, die Zwiebel dazugeben und ebenfalls anbraten. 1 gehäuften EL Nduja zugeben und alles gut miteinander vermischen. Mit dem Weißwein ablöschen. Die Petersilie dazugeben, mit Mascarpone abschmecken und die Schärfe regulieren.

**3** Die Nudeln im Salzwasser etwas fester als al dente (bissfest) kochen. Nudeln mit in die Sauce geben, alles gut mischen und mit etwas grobem schwarzem Pfeffer abschmecken. Das Gericht sollte durch die Würste salzig genug sein. Ist es das nicht, noch etwas nachwürzen.

**4** Frisch geriebenen Parmesan über die Pasta in der Pfanne streuen, alles gut mischen. Mit etwas gehobeltem Parmesan auf vorgewärmten Tellern servieren.

**TIPP:** Besonders schön sieht es aus, wenn man das Gericht mit einem Dessertring auf dem Teller anrichtet und als Timballe serviert.

Oben und unten links: Auf dem Markt in Crotone findet man alle Spezialitäten Kalabriens.

Rechts: Ein alter Eiswagen in Pizzo.

Wichtige Zutaten der kalabrischen Küche: Peperoncini, Chilischoten, die Zwiebelsorte Cipolla rossa di Tropea, Guanciale vom schwarzen Schwein aus Aspromonte und Pecorino crotonese, Hartkäse aus Schafsmilch.

# Fusilli alla Silana

## NUDELN MIT STEINPILZEN

*Das Sila-Gebirge gehört zu den schönsten und tierreichsten Gebirgen Süditaliens. Neben einer besonderen Kartoffelsorte beheimatet das Sila-Gerbirge auch das Podolica-Rind und ein ganz besonderes Naturschutzgebiet. Und Pilzsammler finden dort frische Steinpilze für dieses traditionelle Gericht.*

### ZUTATEN

200 g frische oder 75 g getrocknete Steinpilze
1 kleine Chilischote
1 Knoblauchzehe
1 kleines Bund Basilikum
1 kleines Bund glatte Petersilie
80 g Soppressata piccante oder Salsiccia piccante (scharfe Paprikasalami)
400 g geschälte Tomaten aus der Dose
2 EL Olivenöl
Salz
400 g Fusilli (Spiralnudeln)
geriebener Pecorino

### ZUBEREITUNG

**1** Frische Pilze putzen und in grobe Stücke schneiden. Getrocknete Pilze in etwas lauwarmem Wasser etwa 20 Minuten einweichen, dann abtropfen lassen und ebenfalls in grobe Stücke schneiden.

**2** Die Chilischote längs halbieren, entkernen, waschen und fein hacken. Den Knoblauch schälen. Das Basilikum und die Petersilie waschen, trocken schütteln und fein hacken. Die Wurst in Würfel schneiden. Die Tomaten in eine Schüssel geben und mit den Händen oder mit einem Löffel zerdrücken.

**3** Das Olivenöl in der Pfanne erhitzen, den Knoblauch darin andünsten, die Chilischote, die Pilze und die Wurst dazugeben. Die Knoblauchzehe entfernen, die Tomaten in die Pfanne geben, etwa 10 Minuten köcheln lassen und mit Salz abschmecken. Die Kräuter unterrühren.

**4** Die Nudeln in Salzwasser etwas fester als al dente (bissfest) kochen. Direkt aus dem Nudelwasser unter die Sauce mischen und dort zu Ende garen lassen, damit die Sauce richtig aufgenommen wird. Die Pasta mit geriebenem Pecorino bestreut servieren.

Zubereitungszeit: ca. 35 Min.
Portionen: 4

# Pipi chini

## GEFÜLLTE PAPRIKA

*Dieses Gericht erinnert mich sehr an meine Kindheit in Kalabrien. Die kleinen runden Gemüsepaprika, die man in Kalabrien nur „pipe" oder in der Mehrzahl „pipi" nennt, gab es im Sommer quasi jeden Tag und zwar in jeder erdenklichen Form. Meine Tante Catharina hatte, neben den süß schmeckenden, so feurig scharfe „pipi", dass es einem ganz anders wurde, wenn sie die Teller vertauscht hatte. Bei Pipi chini merkt man deutlich die Kreativität der Hausfrauen Kalabriens, die mit sehr wenig Zutaten und Mitteln zurechtkommen mussten.*

### ZUTATEN

15 kleine runde Gemüsepaprikaschoten
1 Knoblauchzehe
1 kleines Bund Basilikum
300 g Roma-Tomaten
100 g Provolone (Typ Filata) oder Mozzarella
500 g Paniermehl
Salz
100 g geriebener Pecorino
100 g geriebener Parmesan
1 EL Kapern
ca. 1 l Olivenöl zum Frittieren

Zubereitungszeit: ca. 45 Min.
Portionen: 4

### ZUBEREITUNG

**1** Die Paprika waschen. Den Strunk vorsichtig mit einem Messer rundherum herausschneiden. Durch dieses kleine Loch vorsichtig die Kerne und das Kerngehäuse entfernen. Dann mit dem Messer von außen die Bodenseite der Paprika rundherum etwas einstechen.

**2** Den Knoblauch schälen und fein hacken. Das Basilikum waschen, trocken schütteln und die Blätter klein schneiden. Die Tomaten waschen und in kleine Würfel schneiden, dabei die Stielansätze entfernen. Den Provolone oder Mozzarella in kleine Würfel schneiden.

**3** Das Paniermehl in eine Schüssel geben. Knoblauch, Basilikum, Salz, Tomatenwürfel, den frisch geriebenen Pecorino und Parmesan dazugeben und untermischen. Provolone oder abgetropften Mozzarella und die Kapern dazugeben und alles gut vermischen.

**4** Die Paprikaschoten mit der Masse füllen, bis sie oben verschlossen sind. Die Füllung dabei gut festdrücken, sie muss fest in der Paprika sitzen und darf nicht herausfallen, wenn man die Schote umdreht.

**5** Das Olivenöl in einer hohen Pfanne oder einem weiten Topf auf 170 °C erhitzen. Die gefüllten Paprikaschoten vorsichtig in das Öl geben. Von beiden Seiten so lange frittieren, bis sie dunkel geröstet sind und die Haut schön faltig und kross ist. Dazu schmeckt ein frischer gemischter Salat.

# Malangiani chini

## GEFÜLLTE AUBERGINEN

*Die Aubergine ist mit Sicherheit DAS Gemüse Süditaliens. Überall werden damit die traditionellsten und einfachsten Gerichte für die ganze Familie gezaubert. Gefüllte Auberginen gibt es in Kalabrien in verschiedenen Ausführungen. Sie werden auch gerne vegetarisch zubereitet. Ich habe mich für die Variante mit Hackfleisch entschieden. Ein wunderbares Gericht, vor allem im Sommer.*

### ZUTATEN

6 Auberginen

1 kleines Bund glatte Petersilie

200 g Mozzarella oder Caciocavallo

5 EL Olivenöl

400 g gemischtes Hackfleisch

2 Eier

Salz

Pfeffer aus der Mühle

3 EL Paniermehl

4 EL geriebener Parmesan

2 EL geriebener Pecorino

1 Knoblauchzehe

400 ml passierte Tomaten

**Außerdem:**

Olivenöl zum Frittieren

### ZUBEREITUNG

**1** Die Auberginen waschen, der Länge nach halbieren. Die Stielansätze wegschneiden. Die Auberginen mithilfe eines Messers und Löffels aushöhlen, dabei darauf achten, dass die unteren Seiten nicht beschädigt werden.
Die Petersilie waschen, trocken schütteln und die Blättchen fein hacken. Den Mozzarella abtropfen lassen und in kleine Würfel schneiden.

**2** Das ausgelöste Auberginenfruchtfleisch mit 3 EL Olivenöl in einer Pfanne bei schwacher Hitze etwa 10 Minuten anbraten.

**3** Das Hackfleisch mit den Eiern, der Petersilie, Salz und Pfeffer in eine Schüssel geben. Das Auberginenfruchtfleisch und das Paniermehl dazugeben. Alles gut vermischen. Zuletzt den Parmesan und Pecorino untermischen.
Die Auberginen mit der Masse füllen.

**4** Den Knoblauch schälen. In einem kleinen Topf im übrigen Olivenöl anbraten, die passierten Tomaten dazugeben. Die Sauce mit Salz und Pfeffer würzen, 15 Minuten köcheln lassen und die Knoblauchzehe entfernen.

**5** Eine Pfanne zur Hälfte mit Olivenöl füllen, das Öl auf etwa 150 °C erhitzen und die gefüllten Auberginen darin vorsichtig 8 bis 10 Minuten frittieren. Auf Küchenpapier abtropfen lassen, mit dem Tomatensugo und ofenfrischem Ciabatta servieren.

Zubereitungszeit: ca. 45 Min.

Portionen: 4

# Frittelle di cipolla rossa di Tropea

## FRITTIERTE ROTE ZWIEBELN

*Die Cipolla rossa ist das Wahrzeichen des traumhaften Küstenorts Tropea. Süßer als andere rote Zwiebeln Italiens, werden daraus unzählige Gerichte gemacht. Zum Beispiel leckere Frittelle di cipolla. Frittiertes wird zwar auch aus vielen anderen Gemüsesorten zubereitet, doch die frittierten roten Zwiebeln schmecken ganz besonders.*

### ZUTATEN

600 g rote Zwiebeln aus Tropea (gibt es auf Wochenmärkten oder beim italienischen Gemüsehändler)

2 TL Salz

1 kleines Bund glatte Petersilie

100 g Weizenmehl Type 00 (oder Pizzamehl)

**Außerdem:**

Olivenöl zum Frittieren

### ZUBEREITUNG

**1** Die Zwiebeln schälen, in Streifen schneiden und in ein Sieb legen. Mit dem Salz bestreuen, gut mischen und etwa 10 Minuten stehen lassen. Die Petersilie waschen, trocken schütteln und die Blättchen fein hacken.

**2** Die Zwiebeln mit Wasser abspülen, abtropfen lassen und mit Küchenpapier trocken tupfen.

**3** Die Petersilie mit den Zwiebeln in eine Schale geben und vermischen. Das Mehl und 50 ml Wasser unterrühren, dabei entsteht eine Art Teig. Noch mal salzen.

**4** Reichlich Öl in einer hohen Pfanne auf 170 °C erhitzen. Die Zwiebelmasse mit einem Löffel aufnehmen und mit einem zweiten Löffel in das Öl abstreifen. Die Zwiebeln goldbraun ausbacken, auf Küchenpapier kurz abtropfen lassen und heiß servieren.

Zubereitungszeit: ca. 30 Min.

Portionen: 6

WELCOME

Links: Der Küstenort Chianalea di Scilla.

Rechts: Großmeister Domenico Belvedere beim Herstellen von handgemachtem Tartufo-Eis in der „Gelateria Belvedere", die er und seine Familie seit mehr als 100 Jahren in Pizzo betreiben.

# Vrasciole

## FLEISCHBÄLLCHEN

*Die meisten Gerichte Kalabriens stammen aus einer sehr einfachen und traditionellen Küche. Wenige Zutaten, einfache Zubereitungsarten. Fleischbällchen gibt es in Italien in allen erdenklichen Formen. Vrasciole, die gerne als Vorspeise serviert werden, sind einer Art Krokette nachempfunden. Hierbei sollte das Hackfleisch außen knusprig und fest werden und dennoch innen saftig bleiben.*

### ZUTATEN

200 g altbackenes Weißbrot

1 Knoblauchzehe

1 kleines Bund glatte Petersilie

3 EL geriebener Pecorino

2 Eier

500 g Hackfleisch vom Kalb

Salz

Pfeffer aus der Mühle

**Außerdem:**

Sonnenblumenöl zum Frittieren

Zubereitungszeit: ca. 45 Min.

Portionen: 4

### ZUBEREITUNG

**1** Das Brot in Stücke brechen und in etwas Wasser kurz einweichen. Den Knoblauch schälen und fein hacken. Die Petersilie waschen, trocken schütteln und die Blättchen fein hacken.

**2** Das Brot ausdrücken und mit Knoblauch, Petersilie und Pecorino in eine Schüssel geben. Die Eier und das Hackfleisch dazugeben, alles gut miteinander mischen und mit Salz und Pfeffer würzen.

**3** Aus der Fleischmasse jeweils etwa 2 EL abnehmen und daraus mit den Händen längliche Frikadellen formen.

**4** Reichlich Sonnenblumenöl in einer hohen Pfanne oder einem kleinen Topf auf 170 °C erhitzen und die Vrasciole darin nach und nach dunkelbraun ausbacken. Auf Küchenpapier kurz abtropfen lassen und sofort servieren. Dazu passen Rosmarinkartoffeln. Die Fleischbällchen können auch als Aperitif ohne Beilage serviert werden.

# Baccalà e ceci

## KLIPPFISCH MIT KICHERERBSEN

*Kein Weihnachtsfest in Kalabrien ohne Baccalà, Klippfisch. Der in Salz eingelegte und haltbar gemachte Fisch, meist Kabeljau, wird zwei Tage gewässert und kann dann beliebig zubereitet werden. Als Alternative zum Baccalà in Salz kann man auch frischen Kabeljau nehmen. Dann fällt das Wässern natürlich weg.*

### ZUTATEN

1 kg Baccalà (Klippfisch, in Salz eingelegter Fisch)
500 g Kichererbsen aus der Dose
2 rote Zwiebeln
1 kleine Chilischote
2 Zweige Rosmarin
3 Blätter Salbei
2 EL Olivenöl
500 g geschälte Tomaten aus der Dose
Salz
Pfeffer aus der Mühle

**Außerdem:**

Olivenöl zum Verfeinern
Thymian zum Garnieren

Zubereitungszeit: ca. 45 Min.
Wässern des Baccalà: 2 Tage
Portionen: 4

### ZUBEREITUNG

**1** Den Fisch in 8 gleich große Stücke schneiden und in eine Schüssel mit Wasser legen. Den Fisch 2 Tage im Wasser liegen lassen und das Wasser einmal am Tag auswechseln.

**2** Den Fisch in einem Sieb abtropfen lassen. Die Kichererbsen ebenfalls abtropfen lassen.

**3** Die Zwiebeln schälen und in feine Streifen schneiden. Die Chilischote längs halbieren, entkernen, waschen und fein hacken. Den Rosmarin und Salbei waschen, trocken tupfen und die Nadeln bzw. Blätterfein hacken.

**4** Das Olivenöl in einer Pfanne erhitzen. Die Zwiebeln, die Chilischote, den Salbei und Rosmarin darin etwa 10 Minuten andünsten. Die geschälten Tomaten und die Kichererbsen dazugeben. 180 ml Wasser dazugießen. Mit Salz und Pfeffer abschmecken. Zugedeckt etwa 10 Minuten köcheln lassen.

**5** Die Fischstücke zur Sauce geben und zugedeckt weitere 10 Minuten köcheln lassen.

**6** Etwa 180 g oder etwa 2 Schöpflöffel der Sauce mit ein paar Kichererbsen in einen Mixbecher geben und mit einem Pürierstab fein pürieren. Das Püree unter die restliche Sauce rühren. Weitere 10 Minutenn ohne Deckel köcheln lassen.

**7** Den Fisch mit der Sauce auf Teller verteilen und mit einem Schuss Olivenöl sowie Thymian servieren. Dazu schmeckt frisches Ciabatta.

# Turdiddri

## HONIGGEBÄCK

*Gebackener und frittierter Teig, verfeinert mit Likör und Honig, gehört zu den beliebtesten Dolci Süditaliens. Diese Version der Turdiddri oder Turdilli, wie sie auch genannt werden, ist eine sehr alte und hat ihren Ursprung wohl im arabischen Raum. Besonders im Winter ist die Verbindung von warmem Honig auf Teig sehr beliebt in Kalabriens Küche.*

### ZUTATEN

200 ml Vin Santo

200 ml Pflanzenöl

Salz

Zimtpulver

abgeriebene Schale von 1 Bio-Orange

550 g Mehl

ca. 300 ml Feigen- oder Akazienhonig

**Außerdem:**

Mehl zum Arbeiten

Pflanzenöl zum Frittieren

bunte Streusel zum Garnieren

Zubereitungszeit: ca. 40 Min.

Backzeit: ca. 25 Min.

Portionen: ca. 60 Stück

### ZUBEREITUNG

**1** Vin Santo und Pflanzenöl in einen Topf geben. Mit 1 Prise Salz, etwas Zimt und der Orangenschale würzen, aufkochen und anschließend in eine Schüssel geben.

**2** Das Mehl mit einem Schneebesen in die Flüssigkeit einarbeiten. Etwas Mehl auf eine Arbeitsfläche geben und den Teig mit den Händen noch mal durchkneten.

**3** Den Teig halbieren. Jede Hälfte zu einer daumendicken langen Rolle ausrollen und davon etwa 2 bis 3 cm große Stücke abschneiden.

**4** Den Backofen auf 180 °C vorheizen. Die Stücke zwischen den Fingern etwas auseinanderziehen und mit dem Rücken einer Gabel an der Oberfläche wie bei Gnocchi entlang ein Muster ziehen.

**5** Die eine Hälfte der Teigstückchen im Ofen etwa 25 Minuten backen. Die andere Hälfte in reichlich Pflanzenöl in einer Pfanne oder Fritteuse bei 170 °C goldbraun frittieren, dann auf Küchenpapier abtropfen lassen.

**6** Die Hälfte des Honigs in einer Pfanne erhitzen und die frittierten Turdiddri darin schwenken, bis alle gut mit Honig bedeckt sind. Herausnehmen, abtropfen lassen und nebeneinander auf Backpapier legen.
Für die Turdiddri aus dem Ofen den restlichen Honig ebenfalls erhitzen. Das Gebäck auf Backpapier ausbreiten und den flüssigen Honig darübergießen. Zum Schluss werden die Turdiddri noch mit bunten Streuseln dekoriert. Am besten gleich warm essen, dann lassen sie sich noch gut voneinander lösen.

DIE BESTEN REZEPTE AUS

# Sicilia

## SIZILIEN – ITALIENISCHE KÜCHE MIT ORIENTALISCHER NOTE

Die größte Insel im Mittelmeer ist nur 145 Kilometer von Tunesien entfernt und man spürt den Einfluss der Araber sowohl in den Gebäuden als auch in den Speisen. Couscous, Safran und Rosinen sind nur wenige Beispiele für die außergewöhnlichen Zutaten der Küche Siziliens. Hier gibt es Pistazien aus Bronte und Orangen und Zitronen von ganz besonderem Geschmack. Doch bekannt und beliebt ist Sizilien vor allem für die besonderen Streetfood-Spezialitäten. Etwa Cannoli, knusprige Teigröllchen, gefüllt mit Ricottacreme, oder Arancini, die gefüllten Reisbällchen mit Safran und Ragù, um nur zwei Beispiele zu nennen.

# Arancini

## GEFÜLLTE REISBÄLLCHEN

*Arancini, die kleinen, gefüllten Reisbällchen, sind heute wohl kein Geheimtipp mehr. Diese leckeren „kleinen Orangen", wie sie wörtlich übersetzt heißen, findet man heute in so gut wie jeder Bar in Italien. Arancini serviert man am besten mit einem schönen Salat. Aber auch als einfacher Snack auf einem Büfett sind sie perfekt.*

### ZUTATEN

1½ l Gemüsebrühe

1 kleines Päckchen Safranfäden

2 kleine Zwiebeln

500 g Risotto-Reis
(am besten die Sorte Vialone)

3 EL Olivenöl

30 g Butter

ca. 100 g Parmesan

Salz

Pfeffer aus der Mühle

1 Ei

100 g gemischtes Hackfleisch

50 ml Weißwein

250 ml passierte Tomaten

80 g TK-Erbsen

1 Lorbeerblatt

50 g Mozzarella

**Zum Panieren und Frittieren:**

2 Eier

Salz

Mehl

Paniermehl

ca. 2 l Sonnenblumenöl zum Frittieren

Zubereitungszeit: ca. 60 Min.

Portionen: 12 Stück

### ZUBEREITUNG

**1** Die Brühe aufkochen, den Safran darin auflösen. Die Zwiebeln schälen und fein würfeln, die Hälfte mit dem Reis in 1 EL Öl leicht anrösten. Mit etwas Brühe ablöschen, umrühren und so lange immer wieder etwas Brühe unterrühren, bis sie verbraucht ist. Die Butter und den Parmesan unterrühren, mit Salz und Pfeffer würzen. Etwas abkühlen lassen und das verquirlte Ei unterrühren.

**2** Für die Füllung die restlichen Zwiebeln mit dem Hackfleisch im restlichen Olivenöl anbraten. Mit dem Wein ablöschen. Kurz bevor er verkocht ist, die Tomaten, die Erbsen und das Lorbeerblatt zugeben. 20 Minuten köcheln lassen, mit Salz und Pfeffer würzen, Lorbeer entfernen.

**3** Den Mozzarella klein würfeln. Je 1 Handvoll Reis auf der Handfläche glatt streichen, 1 EL abgekühlte Sauce und etwas Mozzarella in die Mitte geben. Etwas Reis darüber verteilen und eine Kugel in Größe einer kleinen Orange formen.

**4** Für das Panieren ein Schälchen mit den verquirlten, leicht gesalzenen Eiern, ein Schälchen mit Mehl und eines mit Paniermehl füllen. Die Bällchen erst in Ei, dann in Mehl und Paniermehl wenden.

**5** Das Sonnenblumenöl in einem hohen Topf oder einer Fritteuse auf 170 °C erhitzen und die Arancini darin frittieren. Auf Küchenpapier abtropfen lassen und vor dem Servieren etwas ruhen lassen.

### ARANCINA ODER ARANCINO?

In Palermo heißen die köstlichen Reisbällchen „arancina" und in Catania „arancino". Beide Seiten Siziliens beharren auf ihrer Bezeichnung. Die einen, weil die „arancina", italienisch für „Orange", schließlich der Namensgeber der Bällchen sei und „arancina" weiblich ist. Die anderen bestehen auf „arancino", eben weil sich die Bällchen von der Frucht abheben sollen. Tipp für Touristen: Bestellen Sie im Westen Siziliens „arancine" und im Osten „arancini".

Bei Familie Graceffo in Montallegro wurde mir der Unterschied zwischen Arancino und Arancina erklärt und ich durfte eine Arancina, direkt aus der Hand einer Fachfrau, probieren. Ein Genuss.

# Busiate alla trapanese

## NUDELN MIT MANDEL-TOMATEN-PESTO

*Trapani ist ein Ort, in den ich mich sofort verliebt habe. Dort und in den umliegenden Restaurants an der Küste gab es überall Busiate – eine Pastasorte, die überwiegend von Hand gemacht wird. Dafür werden Nudelteigstreifen um ein rundes Holz gewickelt, sodass eine Art Spiralnudel entsteht. In Trapani gibt es außerdem ein Pesto, das die Einheimischen „agghiata trapanisa" nennen. Es wird aus Knoblauch, Olivenöl, Mandeln, Kirschtomaten und Basilikum gemacht. Es schmeckt außergewöhnlich und ist dennoch sehr simpel in der Zubereitung.*

### ZUTATEN

1 Knoblauchzehe
1 kleines Bund Basilikum
30 g geschälte Mandeln
3 EL Olivenöl
Salz
Pfeffer aus der Mühle
50 g geriebener Pecorino
200 g Kirschtomaten aus der Dose
500 g Busiate (Spiralnudeln) oder Penne

**Außerdem:**

Basilikumblättchen zum Garnieren
geriebener Pecorino nach Belieben

Zubereitungszeit: ca. 25 Min.
Portionen: 4

### ZUBEREITUNG

**1** Den Knoblauch schälen. Das Basilikum waschen und trocken schütteln, die Blättchen abzupfen.

**2** Die Hälfte der Mandeln grob hacken und beiseitestellen. Die restlichen Mandeln mit dem Mörser, mit einem Mixer oder mit einem Pürierstab zerkleinern, Basilikumblätter und Knoblauch zugeben und ebenfalls zerkleinern. Das Olivenöl, 1 gestrichenen TL Salz, etwas Pfeffer und den Pecorino zugeben und alles fein pürieren.

**3** Die Kirschtomaten abtropfen lassen. Die Tomaten zur Mandelmasse geben und untermixen, bis ein glattes Pesto entstanden ist.

**4** Die Nudeln in Salzwasser al dente (bissfest) kochen. Inzwischen die übrigen Mandeln ohne Fett in einer Pfanne kurz anrösten, herausnehmen und beiseitestellen. Das Pesto in der Pfanne erhitzen. 1 Kelle Nudelwasser dazugeben und die Sauce kurz einkochen lassen. Mit Salz und Pfeffer abschmecken.

**5** Die Pasta abgießen, mit in die Pfanne geben und mit der Sauce mischen. Auf tiefen, vorgewärmten Tellern mit den gerösteten Mandeln und ein paar Blättern Basilikum servieren. Wer mag, streut noch Pecorino darüber.

# Pasta alla Norma

## PENNE MIT AUBERGINEN UND RICOTTA

*Eines der wichtigsten Pastagerichte Siziliens, benannt nach der Oper Norma des bekannten Komponisten Vincenzo Bellini. Der Geschichte nach soll ein Gast in einem Restaurant dieses Gericht probiert und danach laut „Norma" gerufen haben – in Anerkennung der besten Oper dieser Zeit. Ich benutze für dieses Rezept geschälte italienische Tomaten aus der Dose und Ricotta salata, eine feste und reibefähige Variante des Ricottas, den es oft nur in italienischen Geschäften gibt. Man kann auch frischen Ricotta verwenden, den man etwa 24 Stunden in einem Küchentuch einwickelt und im Kühlschrank antrocknen lässt.*

### ZUTATEN

800 g geschälte Tomaten aus der Dose
2 Knoblauchzehen
½ Bund Basilikum
500 g Auberginen
Salz
2 EL Olivenöl
400 g Penne
Pfeffer aus der Mühle
200 g geriebener Ricotta salata

**Außerdem:**
ca. 1 l Olivenöl zum Frittieren

Zubereitungszeit: ca. 1 Std.
Ruhezeit für die Auberginen: ca. 20 Min.
Portionen: 4

### ZUBEREITUNG

**1** Die geschälten Tomaten mit den Händen oder mit einer Gabel in einer Schale zerdrücken.

**2** Den Knoblauch schälen. Das Basilikum waschen, trocken schütteln und die Blättchen abzupfen. Die Auberginen putzen, waschen, in Scheiben schneiden, auf Küchenbrettern nebeneinanderlegen und salzen. Etwa 20 Minuten ruhen lassen.

**3** Den Knoblauch im Olivenöl in einer Pfanne andünsten. Die Tomaten dazugeben, mit etwas Salz würzen und etwa 25 Minuten köcheln lassen.

**4** Die Auberginen mit Küchenpapier trocken tupfen. Das Olivenöl in einem Topf oder einer Fritteuse auf 170 °C erhitzen und die Auberginen darin nach und nach goldbraun ausbacken. Auf Küchenpapier abtropfen lassen.

**5** Die Penne in Salzwasser etwas fester als al dente (bissfest) kochen – sie garen später in der Sauce zu Ende.

**6** Ein paar Basilikumblättchen in die Tomatensauce geben. Die Pasta direkt aus dem Nudelwasser in die Sauce geben und alles gut miteinander mischen. Mit Pfeffer abschmecken und die Pasta in der Sauce gar ziehen lassen.

**7** Die Pasta in tiefen Tellern mit den frittierten Auberginen anrichten, mit Ricotta bestreuen und mit den übrigen Basilikumblättchen garnieren.

Im Garten des Agriturismo Le Mangiatoie del Cavalierre: ein über 100 Jahre altes Gefäß, in dem früher die Ziegenmilch für Ricotta gesammelt wurde.

Oben links: Ricotta salata.

Oben rechts: Eleonora Miliziano beim Verarbeiten von Ricotta salata.

Unten links: Die Schafe der Käserei.

Unten rechts: Antonino Magro ist Schäfer. Zusammen mit seiner Frau führt er die Käserei „Todaro“ in Montallegro mit ganz besonderen Produkten. Dazu zählt auch Ricotta salata. Diese Art des Ricottas findet man bei uns nur in Feinkostläden. Er ist fester und passt hervorragend zur Pasta alla Norma.

# Pasta con le sarde

## PASTA MIT SARDINEN

*Für mich der wahrscheinlich beste Teller Pasta im Süden Italiens. Auf Sizilien ist es keine Schwierigkeit, frische Sardinen zu kaufen. In Deutschland muss man sich meist mit einer gefrorenen Variante zufriedengeben. Es lohnt sich aber, beim Fischhändler nach frischen Sardinen zu fragen. Idealerweise sollte der Fisch schon ausgenommen und ohne Gräten sein. Falls nicht, den Kopf entfernen, dann am Bauch entlang einschneiden, den Fisch auseinanderklappen und die Gräte samt Schwanz herauslösen.*

### ZUTATEN

30 g Rosinen
500 g Sardinen (frisch oder tiefgekühlt, küchenfertig)
1 rote Zwiebel
4 EL Olivenöl
5 Anchovis
1 kleine Dose gemahlener Safran
400 g Bucatini (dicke, lange Nudeln mit Loch)
Salz
150 g wilder Fenchel (ersatzweise das Grün von 2 Fenchelknollen)
25 g Pinienkerne
30 g gehackte Mandeln
2 EL Paniermehl
Pfeffer aus der Mühle

Zubereitungszeit: ca. 60 Min.
Portionen: 4

### ZUBEREITUNG

**1** Die Rosinen in einem Schälchen für etwa 10 Minuten in Wasser einweichen. Die Sardinen unter fließendem kaltem Wasser abspülen und mit Küchenpapier trocken tupfen.

**2** Die Zwiebel schälen, in dünne Streifen schneiden und in einer Pfanne in 3 EL Olivenöl andünsten. Die abgetropften Anchovis dazugeben und mit dem Kochlöffel in der Pfanne unter Rühren auflösen. Den Safran in etwas warmes Wasser rühren, in die Pfanne geben, die Sardinen zugeben und etwa 5 Minuten andünsten.

**3** Die Pasta in reichlich kochendem Salzwasser nach Packungsanweisung al dente (bissfest) kochen. Den wilden Fenchel waschen und putzen, ins Salzwasser zur Pasta geben, 5 Minuten mitkochen lassen, dann herausnehmen, klein hacken und mit in die Pfanne zu den Sardinen geben. Die Rosinen, die Pinienkerne und die gehackten Mandeln untermischen.

**4** In einer zweiten Pfanne das übrige Olivenöl und das Paniermehl mischen und kurz anrösten, bis das Paniermehl goldbraun ist, dann beiseitestellen.

**5** Die gekochte Pasta aus dem Nudelwasser direkt in die Sauce geben, wenn nötig, noch ein wenig Nudelwasser dazugeben. Alles gut mischen und mit Pfeffer abschmecken. Die Pasta in tiefen Tellern mit dem gerösteten Paniermehl bestreut servieren.

# Timballo di Melanzane e Pasta

## AUBERGINEN-NUDEL-TIMBAL

*Viele Jahre konnte ich mit dem Geschmack der Aubergine gar nichts anfangen. Die leicht bittere Note, die Konsistenz – ein Gemüse, das so gar nicht nach meinem Geschmack war. Heute weiß ich, dass es beim Verarbeiten der Aubergine darauf ankommt, dass sie mit viel Olivenöl in der Pfanne gebraten wird, bis sie weich ist und süß schmeckt. Frittiert in Olivenöl, gefüllt oder eingelegt: Kaum ein anderes Gemüse passt besser zu Süditalien.*

### ZUTATEN

100 g Kirschtomaten
1 Zwiebel
1 Knoblauchzehe
1 kleines Bund glatte Petersilie
3 mittelgroße Auberginen
4 Salsicce piccante
(grobe, scharfe Bratwürste)
Salz
Pfeffer aus der Mühle
100 ml trockener Weißwein
750 ml passierte Tomaten
500 g lange Makkaroni
40 g Butter
100 g Semmelbrösel
100 g geriebener Mozzarella
50 g geriebener Parmesan

**Außerdem:**

Olivenöl zum Braten
1 Springorm mit 25 cm Ø oder
1 hohe ofenfeste Pfanne

### ZUBEREITUNG

**1** Die Tomaten waschen und halbieren. Die Zwiebel und den Knoblauch schälen, beides in feine Würfel schneiden. Die Petersilie waschen, trocken schütteln und dei Blättchen fein hacken. Die Auberginen putzen, waschen und längs in 1 cm dicke Scheiben schneiden. Die übrigen Stücke, also Anschnitte oder Reste, in kleine Würfel schneiden.

**2** Etwa 3 bis 4 EL Olivenöl in einer Pfanne erhitzen. Die Auberginenscheiben nach und nach von beiden Seiten goldbraun braten. Für jede Portion wieder Olivenöl nachgießen. Die gebratenen Auberginenscheiben auf Küchenpapier abtropfen lassen.

**3** Salsicce aus der Pelle drücken. 3 EL Olivenöl in einem Topf erhitzen, die Zwiebel und den Knoblauch darin mit dem Salsiccia-Brät anbraten. Die Kirschtomaten und die Petersilie dazugeben, alles mit Salz und Pfeffer würzen. Mit dem Weißwein ablöschen.

**4** Die Auberginenwürfel ebenfalls mit Olivenöl in einer Pfanne anbraten und zusammen mit den passierten Tomaten zur Wurst in den Topf geben.

**5** Die Makkaroni in Salzwasser etwas fester als al dente (bissfest) kochen, denn sie werden im Ofen fertig gegart.

Eine sehr schöne Hafenstadt bei Agrigent.

**6** Den Backofen auf 180 °C vorheizen. Eine Springform oder Pfanne mit 1 EL Butter einpinseln und mit 2 EL Semmelbröseln ausstreuen.

**7** Den Boden der Springform oder Pfanne überlappend mit den Auberginenscheiben auslegen. Auch den Rand überlappend mit Auberginenscheiben auslegen, dabei die Auberginen etwas über den Rand hängen lassen. Genügend Scheiben für die Oberfläche zurückbehalten.

**8** Die Nudeln mit der Sauce mischen, den geriebenen Mozzarella und Parmesan unterheben. Die Pasta in die Form oder Pfanne geben. Die überhängenden Auberginen vom Rand darüberklappen und die restlichen Auberginenscheiben wie einen Deckel auf die Pasta legen. Gut andrücken, mit den restlichen Semmelbröseln bestreuen und die restliche Butter in Flocken daraufsetzen.

**9** Den Auflauf etwa 25 Minuten im Ofen goldbraun backen und dann auf einen großen Teller stürzen. Dieses Gericht am besten direkt am Tisch in Portionsstücke schneiden.

**TIPP:** Salsicce, die scharfen italienischen Bratwürste, gibt es mittlerweile auch bei uns in vielen Metzgereien zu kaufen. Sie geben dem Timballo die perfekte Würze. Wer sie nicht bekommt, nimmt stattdessen 200 g gemischtes Hackfleisch.

Zubereitungszeit: ca. 1 Std.

Überbacken: ca. 25 Min.

Portionen: 6–8

# Parmigiana di melanzane

## AUBERGINENAUFLAUF

*Die Aubergine gehört gerade im Süden Italiens, vor allem aber in Kampanien und Sizilien, zum Sommergemüse überhaupt! Die Parmigiana, das wohl bekannteste Auberginenrezept, ist ein wahres Sommergericht – und ein Picknick-Hit. So ist es nicht verwunderlich, dass sie nicht heiß, sondern lauwarm und eben auch abgekühlt gegessen wird. Tatsächlich ist es sogar wichtig, dass man sie vor dem Servieren wenigstens 20 Minuten ruhen lässt. Der abgekühlte Käse sorgt dann für eine gewisse Stabilität.*

### ZUTATEN

5 Auberginen
grobes Meersalz
1 kleines Bund Basilikum
1 Schalotte
1 Knoblauchzehe
3 EL Olivenöl
700 ml passierte Tomaten
Salz
Pfeffer aus der Mühle
2 Kugeln Mozzarella (à 125 g)
80 g geriebener Parmesan

**Außerdem:**

Pflanzenöl zum Frittieren
Mehl zum Wenden

Zubereitungszeit ca. 30 Min.
Ruhezeit: ca. 30 Min.
Überbacken: ca. 30 Min.
Portionen: 4

### ZUBEREITUNG

**1** Die Auberginen putzen, waschen, längs in etwa 6 mm breite Scheiben schneiden und in eine Auflaufform legen. Mit grobem Meersalz bestreuen, mit einem Teller abdecken und mit etwas Schwerem bestücken, damit Druck auf die Auberginen ausgeübt wird. Etwa 30 Minuten ruhen lassen. Das Salz entzieht den Auberginen Wasser, sie werden dadurch weicher.

**2** Die Auberginen mit Küchenpapier trocken tupfen. Reichlich Pflanzenöl in einer Pfanne auf 170 °C erhitzen. Die Auberginen in Mehl wenden und im Öl frittieren. Auf Küchenpapier abtropfen lassen.

**3** Den Backofen auf 180 °C vorheizen. Das Basilikum waschen und trocken schütteln. Die Schalotte und den Knoblauch schälen und in Würfel schneiden. Im Olivenöl andünsten, die Tomaten zugeben und etwa 15 Minuten köcheln lassen. Die Sauce mit Salz und Pfeffer abschmecken und ein paar klein gezupfte Blätter Basilikum dazugeben. Den abgetropften Mozzarella in Würfel schneiden.

**4** Eine Schicht Auberginen in einer Auflaufform verteilen. Etwas Tomatensauce, etwas Mozzarella, ein paar Blätter Basilikum und etwas Parmesan darüber verteilen. Den Vorgang bis zur letzten Lage Auberginen wiederholen, mit der Sauce und dem Parmesan bedecken und im Ofen etwa 30 Minuten überbacken. Dazu schmeckt ofenfrisches Ciabatta.

# Falsomagro alla siciliana

## RINDERROLLBRATEN NACH SIZILIANISCHER ART

*Der Falsomagro oder fassumauro wie die Bewohner von Trapani sagen, ist ein Rollbraten, der typischerweise mit ganzen Eiern, Hackfleisch und Pancetta gefüllt wird. Den möglichen Füllungen sind allerdings keine Grenzen gesetzt. Es gibt sogar eine Variante mit Kräuterpfannkuchen und Speck.*

### ZUTATEN

750 g Rinderbraten (am besten Rindernuss aus der Keule)
Salz • Pfeffer aus der Mühle
1 Möhre
1 Stück Sellerie
1 Zwiebel
300 g Rinderhackfleisch
1 Ei
1 EL Parmesan
1 EL gehackte Petersilie
evtl. Paniermehl
8 Scheiben Pancetta (Bauchspeck) oder Parmaschinken
3 hart gekochte Eier
6–8 EL Olivenöl
1 EL Mehl
½ l trockener Rotwein
800 ml Rinderfond
ca. 8–10 Kartoffeln
1 kleiner Zweig Rosmarin

**Außerdem:**
Küchengarn

Zubereitungszeit: ca. 40 Min.
Schmorzeit: ca. 1 Std.
Portionen: 6

### ZUBEREITUNG

**1** Den Braten vom Metzger zum Füllen zuschneiden lassen. Oder: Das Fleisch der Länge nach bis zur Mitte einschneiden, umklappen und anschließend auf etwa 1½ cm Dicke flach klopfen. Den Braten von beiden Seiten salzen und pfeffern.

**2** Die Möhre und den Sellerie putzen, waschen und ganz fein reiben. Die Zwiebel schälen und in kleine Würfel schneiden.

**3** Das Hackfleisch, das Ei, den Parmesan, die Petersilie, Salz und Pfeffer in einer Schüssel zu einer festen Masse verkneten. Ist sie noch zu weich, etwas Paniermehl dazugeben. Den Rollbraten mit der Masse bestreichen, Pancetta oder Parmaschinken und die geschälten, hart gekochten Eier darauflegen. Den Braten aufrollen und mit Küchengarn festbinden.

**4** Etwa 3 bis 4 EL Olivenöl in einem Topf erhitzen und das Fleisch rundherum scharf anbraten. Möhre, Sellerie und Zwiebel zugeben und kurz mitbraten. Das Mehl in den Topf streuen, etwas antrocknen lassen und dann unter Rühren mit dem Rotwein ablöschen. Den Rinderfond dazugießen, kurz aufkochen, mit Salz und Pfeffer abschmecken und etwa 1 Stunde schmoren lassen.

**5** Inzwischen die Kartoffeln schälen, waschen und kochen. Den Ofen auf 200 °C vorheizen. Den Rosmarin waschen, trocken schütteln und abzupfen. Die Kartoffeln in Würfel schneiden und zusammen mit dem Rosmarin, Salz und Pfeffer in eine Auflaufform geben, mit etwa 3 bis 4 EL Olivenöl beträufeln. Die Kartoffeln im Backofen goldbraun werden lassen.

**6** Der Braten ist fertig, sobald man mit einer Nadel ohne Widerstand in den Braten stechen kann. Das Fleisch aus der Sauce nehmen, das Garn entfernen und den Braten kurz stehen lassen. Inzwischen die Sauce in einen kleineren Topf füllen und etwas einkochen lassen. Mit Salz und Pfeffer abschmecken. Das Fleisch so aufschneiden, dass man die Eier schön erkennen kann. Den Braten mit den Kartoffeln und der Sauce servieren.

Oben: Eraclea Minoa.

Links: Palermo.

Mitte rechts: Tempel von Agrigent.

Unten: Caltabellotta.

# Caponata

## SIZILIANISCHES GEMÜSE

*Die Caponata kann auf unterschiedliche Arten serviert werden. Etwa als warme Beilage zum Fleisch oder als Grundlage für ein Fischgericht, bei dem man den Fisch auf der Caponata anrichtet. An warmen Tagen reicht man Caponata gerne als kaltes Antipasto, am besten lässt man das Gemüse dafür über Nacht durchziehen. Und Reste schmecken ganz hervorragend auf einem warmen Stück Ciabatta.*

### ZUTATEN

250 g weiße Zwiebeln
400 g Staudensellerie
200 g grüne Oliven
1 kg Auberginen
200 g feste Tomaten
50 g Pinienkerne
2 EL Olivenöl
50 Kapern
Salz
40 ml Tomatenmark
60 ml Balsamico bianco
60 g Zucker
Pfeffer aus der Mühle
1 kleines Bund Basilikum

**Außerdem:**
Pflanzenöl zum Frittieren

### ZUBEREITUNG

**1** Die Zwiebeln schälen und in feine Streifen schneiden. Den Staudensellerie putzen und in etwa 1 cm breite Scheiben schneiden. Die Oliven entkernen und in grobe Stücke schneiden. Die Auberginen putzen, waschen und in grobe Stücke schneiden. Die Tomaten waschen, in grobe Stücke schneiden, dabei die Stielansätze entfernen. Die Pinienkerne in einer Pfanne ohne Fett rundherum anrösten.

**2** Reichlich Pflanzenöl in einem Topf erhitzen und die Auberginen darin nach und nach frittieren, auf Küchenpapier abtropfen lassen.

**3** Die Zwiebeln in einer Pfanne im Olivenöl glasig dünsten, den Staudensellerie dazugeben und ebenfalls anbraten. Die Kapern, die Oliven und die Pinienkerne zugeben und alles gut vermischen. Zuletzt die Tomaten unterrühren, etwas salzen und zugedeckt etwa 15 Minuten bei schwacher Hitze köcheln lassen.

**4** Das Tomatenmark mit dem Essig, dem Zucker und 1 Prise Salz in einer kleinen Schüssel verrühren. Zusammen mit den frittierten Auberginen zu den anderen Zutaten in die Pfanne geben, alles gut miteinander mischen und bei schwacher Hitze etwa 5 bis 10 Minuten köcheln lassen.

**5** Das Gemüse mit Salz und Pfeffer abschmecken. Das Basilikum waschen, trocken schütteln, die Blätter klein zupfen und über der Caponata verteilen.

Zubereitungszeit: ca. 1 Std. 10 Min.
Portionen: 6

# Granita al limone

## ZITRONEN-GRANITA

*Eine Granita selbst herzustellen, ist denkbar einfach. Es gibt keine Hausfrau, „mamma" oder „nonna" in Süditalien, die nicht im Sommer in ihrer Kühltruhe eine kleine Flasche Zitronensaftmischung hat, die sie hervorholt, um daraus ihren Liebsten eine eiskalte Granita zuzubereiten. Mit den Zitronen Siziliens und deren kräftigen Geschmack gibt es wohl kaum etwas Besseres auf der Welt.*

### ZUTATEN

500 ml stilles Mineralwasser

250 g Zucker

500 ml frisch gepresster Zitronensaft

### ZUBEREITUNG

**1** Das Wasser zum Kochen bringen. Den Zucker einrühren und das Zuckerwasser abkühlen lassen.

**2** Den Zitronensaft durch ein Sieb in das kalte Zuckerwasser gießen. Mit einem Schneebesen gut verrühren. Das Zitronenwasser in eine Gefrierschüssel aus Kunststoff füllen und ins Gefrierfach stellen.

**3** Etwa alle 30 Minuten mit einer Gabel durchrühren, bis es gefroren ist und man es mit einem Löffel essen beziehungsweise mit einem dicken Strohhalm trinken kann. Die Granita in Glasschalen oder Gläsern servieren.

**TIPP:** Wer mag, verfeinert die Granita im Glas mit 1 Schuss Erdbeer- oder einem anderen Fruchtsirup. Weil es dann aber schnell zu süß wird, einfach den Zucker bei der Zubereitung reduzieren.

**GEHEIMTIPP:** Die sizilianischen Frauen füllen Espresso in Kunststoffflaschen, geben etwas Zucker dazu und legen die Flaschen ins Eisfach. Alle paar Stunden wird die Flasche dann geschüttelt und es entsteht eine kostengünstige Granita nach Hausfrauen-Art.

Zubereitungszeit: ca. 15 Min.

Tiefkühlen: mehrere Std.

Portionen: 6

Granita schmeckt auch mit dem Saft anderer Früchte, etwa mit frisch gepresstem Orangensaft.

# Cannoli

## GEFÜLLTE TEIGRÖLLCHEN

*Gefüllt mit einer Ricottacreme und verziert mit Orangeat, Nüssen, Pistazien oder Schokolade, sind Cannoli die leckerste sizilianische Sünde. Um Cannoli selbst zu backen, braucht man die runden Cannoli- oder Sahnerollen-Formen. Man bekommt sie im Fachhandel oder im Internet. Die Röllchen gibt es zwar schon fertig zum Füllen zu kaufen, aber es ist doch ein völlig anderes Erfolgserlebnis, wenn man alles selbst gemacht hat.*

### ZUTATEN

**Für den Teig:**

200 g Mehl
½ TL Zucker
1 TL Kakaopulver
Salz
30 g Schmalz
1 Ei
2 EL trockener Weißwein

**Für die Creme:**

250 g gut abgetropfter Ricotta
50 g Zucker
2 EL fein gehacktes Orangeat
2 EL fein gehacktes Zitronat
2 EL Schokoladenstreusel

**Außerdem:**

Mehl zum Arbeiten
Cannoli-Formen
Fett für die Cannoli-Formen
1 verquirltes Ei zum Bepinseln
Pflanzenöl zum Frittieren
gehackte Mandeln und
gehackte Pistazien zum Garnieren

Zubereitungszeit: ca. 40 Min.
Kühl- und Ruhezeit: 1½ Std.
Portionen: 25 Stück

### ZUBEREITUNG

**1** Das Mehl, den Zucker, das Kakaopulver und 1 Prise Salz in einer Schüssel mischen. Das Schmalz, das Ei und den Wein dazugeben und alles mit einem Kochlöffel verrühren. Dann auf einer bemehlten Arbeitsfläche mit den Händen zu einem glatten Teig verkneten. In Folie gewickelt erst 60 Minuten in den Kühlschrank stellen, dann 30 Minuten bei Zimmertemperatur ruhen lassen.

**2** Den Teig auf etwas Mehl etwa 3 mm dünn ausrollen und in etwa 10 × 10 cm große Stücke schneiden. Die Cannoli-Formen leicht einfetten. Die Teigplatten um die Formen legen, sodass 2 Teigecken in der Mitte überlappen, dabei die Ränder mit etwas Ei bepinseln und leicht andrücken.

**3** Das Öl etwa 10 cm hoch in einen Topf oder eine Fritteuse geben und auf 170 °C erhitzen. Die Röllchen portionsweise mit einer Schaumkelle ins Öl geben und etwa 4 bis 5 Minuten darin ausbacken. Auf Küchenpapier abtropfen lassen. Die Formen vorsichtig herausziehen und die Röllchen vollständig auskühlen lassen.

**4** Für die Füllung den Ricotta in einem Sieb sehr gut abtropfen lassen. Mit dem Zucker verrühren, bis sich dieser vollständig aufgelöst hat. Orangeat, Zitronat und die Streusel untermischen. Die Creme in einen Spritzbeutel mit großer Tülle füllen und in die Cannoli spritzen. Mandeln und die Pistazien in Schälchen füllen und die Enden der Cannoli hineintauchen.

# Cassata

## SIZILIENS FESTTAGSTORTE

*Die Cassata gehört neben den Cannoli zu den bekanntesten sizilianischen Desserts. Ich habe länger überlegt, ob ich solch ein Rezept in mein Kochbuch aufnehmen soll, doch letztendlich ist es eben nicht irgendein Kuchen, sondern DER KUCHEN Siziliens und somit Pflicht für diese Region. Mit etwas Übung und Fantasie lassen sich daraus wahre Meisterwerke machen und individuell mit Früchten aus Marzipan kunstvoll dekorieren!*

### ZUTATEN

**Für die Creme:**

1 Vanilleschote
500 g Ricotta
200 g Zucker
100 g Schokotröpfchen

**Für den Teig:**

6 Eier
200 g Zucker
200 g Mehl

**Außerdem:**

1 Springform mit 24 cm ø
Fett und Mehl für die Form
50 g Zucker
50 ml Marsala
150 g Marzipanrohmasse
1 kleine Tube grüne Lebensmittelfarbe
300 g Puderzucker
kandierte Früchte und Cocktailkirschen zum Dekorieren

Zubereitung: ca. 1 Std.
Ruhezeit: ca. 2 ½ Std.
Backzeit: ca. 30 Min.
Portionen: 10 Stücke

### ZUBEREITUNG

**1** Für die Füllung die Vanilleschote längs aufschneiden, Mark herauskratzen. Das Vanillemark, den Ricotta und den Zucker cremig verrühren. Die Schokotröpfchen untermischen. Mindestens 1 Stunde im Kühlschrank ruhen lassen

**2** Den Ofen auf 190 °C vorheizen. Für den Teig die Eier trennen. Die Eiweiße zu steifem Schnee schlagen. Die Eigelbe mit dem Zucker dickcremig rühren. Erst den Eischnee unterheben, dann das Mehl nur kurz untermischen.

**3** Den Boden der Springform einfetten und mit Mehl bestäuben. Den Teig in die Form füllen und im Ofen etwa 25 bis 30 Minuten backen. Kalt werden lassen.

**4** Den Biskuit quer in 3 Böden teilen, 1 davon wieder in die Form legen. Den zweiten Boden in Stücke schneiden und die Ränder der Form damit auslegen.

**5** Zum Tränken des Biskuits 150 ml Wasser mit Zucker und Marsala verrühren. Den Biskuit damit bepinseln. Die Ricottacreme in der Form verteilen. Den letzten Biskuitboden daraufsetzen und mit der Marsalamischung bepinseln. 1 Stunde in den Kühlschrank stellen.

**6** Das Marzipan mit der Lebensmittelfarbe gründlich verkneten und in der Größe des Kuchens ausrollen. Als Decke über den Kuchen legen.

**7** Den Puderzucker mit etwa 80 ml warmem Wasser verrühren, bis er transparent wird. Zügig auf die Cassata gießen und mit einer Palette gleichmäßig verteilen. Die Oberfläche kunstvoll mit kandierten Früchten und Cocktailkirschen dekorieren.

Oben: Ribera, die Stadt der Orangen.

Links: Ein typisch sizilianische Frühstück: Brioche mit Granita.

Mitte rechts: „Antica Bar Vitelli“ im Ort Savoca. Einer der Drehorte für Coppolas Film „Der Pate“.

Rechts unten: Cassata.

## REZEPTREGISTER

# ITALIENISCHES REZEPTREGISTER

# REGISTER NACH ZUTATEN

# IL MENU

## ANTIPASTI



## PRIMI PIATTI



## SECONDI PIATTI



## CONTORNI



## DOLCI

# Danke

Dieses Buch ist für mich eine wirklich große Sache. Etwas, das ich vor Jahren gar nicht für möglich gehalten hätte. Kaum zu glauben, wie viele Menschen bereits meine Rezepte nachkochen. Wenn ich E-Mails und Kommentare darüber lese, wie sich Leute freuen, endlich mal italienische Gerichte zu kochen, die eben nicht alltäglich sind oder die am Ende wirklich wie in Italien schmecken, bin ich bgeistert. Ich komme nicht aus dem Journalismus und ich bin auch kein Fotograf. Somit sehe ich mich auch heute noch eher als Gastronom und eben nicht als typischer Foodblogger. Umso mehr freut es mich, dass ich diese Chance bekommen habe, meine Küche einem breiten Publikum näherzubringen.

Deshalb beginne ich ganz vorne: bei der wichtigsten Frau in meinem Leben: meiner Mama, einer starken Frau, die immer für mich da war und ist.

Bei meinen Kindern, die mir immer das Wichtigste sind. Sie sind seit Jahren treue Begleiter auf all meinen Lebenswegen, auch auf Reisen.

Bei Katarina, die mir in den ersten Jahren meines Kochens und Bloggens bei wichtigen Entscheidungen geholfen hat. Und auch darüber hinaus.

Bei meiner Tante Catharina in Pallagorio und meinen Cousinen, die heute in ganz Italien verteilt leben.

Ich bedanke mich bei Petra Hola-Schneider für den Kontakt zum Verlag und bei Christine Kluge, die zu Beginn der ersten Gespräche an die Idee dieses Buchs geglaubt hat. Danke an Isabella Thiel für die großartige Zusammenarbeit und an das gesamte Team vom ZS Verlag. Ein ganz großer Dank geht an Christiane Kührt für ihre Geduld beim Lektorat meines Chaos.

Dieses Buch und die Rezepte wären nur halb so schön ohne die Fotos von Maria Grossmann und Monika Schuerle und das Foodstyling von Lukas Grossmann. Die Reisebilder verdanke ich Ettore Bonanno und Francesca Liuzzo von Bonanno Multimedia aus Kalabrien.

Ich bedanke mich ebenso bei allen Protagonisten aus Italien: Aus der Toskana bei Cesare Rapizzi, Luigi Sabatini und Familie, Sandro Signori, Simone Rustici und Familie, ganz besonders bei seiner Mama Floriana.

Aus dem Latium bei Arcangelo Dandini und seinem Team im „Supplizio", Marcello Galotti aus dem „Erasmus" in Karlsruhe für viele gute Tipps und Luigi Abate.

Aus Kampanien: In Italien kann ich niemandem mehr danken als Barbara Guerra von LSDM. Danke für viele ganz tolle Kontakte und außergewöhnliche Tipps, die weit über Kampanien hinausgegangen sind und immer wieder gehen! Ich bedanke mich bei Antonello und dem gesamten Team von „La Dispensa di San Salvatore", bei Solania, bei Angelo Rummo vom „Le Grotticelle" und natürlich bei niemand Geringerem als meinem großen Idol Peppe Guida – für mich der beste Koch für traditionelle italienische Küche überhaupt.

Aus Apulien: Vielen Dank an Ingrid und Götz Müller für viele gute Tipps, die tolle Unterkunft-Empfehlung und das Kochen in Eurem wunderschönen Trullo. Danke an Massimo Mosca für ebenso gute Tipps, was die Gegend betrifft und danke auch an das Allevamente San Paolo für den Rundgang..

Aus Kalabrien: Wo fange ich an? Martino Baretta, amico mio. Danke für viele Jahre, in denen du mir mit Rat und Tat zur Seite standest. Danke an Laura Greco, Santino Lavigna, Giuseppe Maida und Salvatore Astorino für die hervorragende Qualität Eurer Ware. Danke an das Consorzio del Maiale Nero d'Aspromonte. Natürlich vielen Dank an den GAL Kroton und Giuseppe Fragomeni und den Barone Marcì. Ich habe sicher jemanden vergessen, aber ich danke allen Winzern, Produzenten und Freunden, die mir seit vielen Jahren jedes Mal aufs Neue noch mehr von dieser Region zeigen.

Aus Sizilien: Ich danke Christa und Giacomo Graceffo von der Patrizia GmbH, die uns als ihre Gäste empfangen und uns wunderschöne fünf Tage mit all ihrem Wissen und ihrer Gastfreundschaft bereitet haben. Danke auch an Daniele Scalia vom B&B Le Mangiatoie del Cavaliere. Bei Familie Todaro in Montallegro, die uns zu ihren Schafen und mit in die Käserei genommen hat.

Natürlich bedanke ich mich bei all meinen Leser*innen, die mir seit Jahren folgen, meine Rezepte nachkochen und es mir ermöglichen, mein Leben so zu leben, wie ich es mir immer gewünscht habe.

## ÜBER DEN AUTOR

Domenico Gentile liebt seit jeher die italienische Küche. Als Sohn eines kalabrischen Vaters verbrachte er als Kind die Sommer in Süditalien. Dort schaute er am liebsten seiner Tante Catharina beim Kochen über die Schulter.

Da seine Familie Landwirtschaft betreibt, war er schon in jungen Jahren bei der Olivenernte dabei und half, Sugo einzukochen. Diese Erfahrungen prägten ihn sehr.

2014 rief er den Blog „Cooking Italy" ins Leben. Als größter italienischer Foodblog Deutschlands zählt er monatlich 100 000 Aufrufe. Er ist zudem als Foodscout tätig.

## ZUM AUTOR

Domenico Gentile liebt seit jeher die italienische Küche. Als Sohn eines kalabrischen Vaters verbrachte er als Kind die Sommer in Süditalien. Dort schaute er am liebsten seiner Tante Catharina beim Kochen über die Schulter. Da seine Familie Landwirtschaft betreibt, war er schon in jungen Jahren bei der Olivenernte dabei und half Sugo einzukochen. Diese Erfahrungen prägten ihn sehr. 2014 rief er den Blog „Cooking Italy" ins Leben. Als größter italienischer Foodblog Deutschlands zählt er monatlich 250.000 Aufrufe. Er ist zudem als Foodscout tätig und fungiert als Bindeglied für italienische Unternehmen in Deutschland.

---

5. Auflage 2022

Verlagsgruppe GmbH
Kaiserstraße 14 b
D-80801 München
ISBN: 978-3-96584-050-8

---

## FOOD FOTOS

Im Buch enthaltene Fotos können zur eigenen Nutzung erworben werden unter *www.stockfood.de*

## IMPRESSUM

**Hinter jedem tollen Buch steckt ein starkes Team**

Projektleitung: *Isabella Hofmann*
Rezepte und Texte: *Domenico Gentile*
Lektorat: *Christiane Kührt*
Grafisches Konzept: *Geela Eden*
Grafische Gestaltung und Satz: *Irene Schulz*
Reise-/Peoplefotografie: *Ettore Bonanno, andere siehe Bildnachweis*
Foodfotografie: *Maria Grossmann, Monika Schuerle*
Foodstyling: *Lukas Grossmann*
Herstellung: *Frank Jansen*
Producing: *Jan Russok*
Druck & Bindung: *optimal media GmbH, Röbel*



## BILDNACHWEIS

**Cover**: Shutterstock: artem evdokimov (Motiv); AVA Bitter (Schürze)

**Inhalt**: Illustrationen: Shutterstock: Filip Bjorkman: Italienkarte; Mallinka1: Oliven

Bilder: Privat: S. 6 (oben und unten links); 7 (links); 167; Shutterstock: Alberto Masnovo: S. 36 (Mitte rechts u. unten links); AWP76: S. 86 (Mitte links); Big Joe: S. 86 (unten links); Blue Planet Studio: S. 10 (Mitte links); Catarina Belova: S: 36 (Mitte links); Cristi Popescu: S. 110 (oben rechts); Francesco Bonino: S. 97 (Mitte rechts); IgorZh: S. 86 (unten rechts); leoks: S. 110 (oben links); lindasky76: S. 134 (oben links); manjik: S. 36 (oben); Marco Rubino: S. 126; Mazur Travel: S. 105; mikolajn: S. 86 (oben rechts); MZeta: S. 10 (unten Mitte links); Olga_Go: S. 86 (Mitte rechts); Pfeiffer: S. 97 (Mitte links); rarrarorro: S. 36 (unten rechts); Roman Babakin: S. 157 (Mitte rechts); Solomakha: S. 116 (oben links); Ton Wanniwat: S. 110 (unten Mitte rechts); trabantos: S. 86 (oben links); ValerioMei: S. 10 (oben links); vincenzo scarantino: S. 134 (Mitte links)

## LIEBE LESER, LIEBE LESERINNEN

wie schön, dass Sie ein Buch von ZS in den Händen halten. „jetzt leben!“ ist das Motto unseres Verlages. Es steht für Genuss und Inspiration, Unterstützung und Motivation. Ob Kulinarik oder Fitness, Gesundheit oder Lebenshilfe – seit über 30 Jahren bieten wir kompetente Ratgeber für (fast) alle Lebenslagen. Wir lieben Tradition genauso wie Innovation – sie treiben uns an. Unsere Autorinnen und Autoren sind Menschen, die zu ihrem Thema wirklich etwas zu sagen und zu schreiben haben. Unsere Produkte sind erzählerisch, appetitmachend und als gedruckte Bücher haptisch echte Erlebnisse. Für Sie mit ganz viel Liebe gemacht! Entdecken Sie mehr aus unserer wunderbaren Welt!

## UNSER VERLAGSHAUS

Mit Standorten in München, Hamburg und Berlin zählt die Edel Verlagsgruppe zu den größten unabhängigen Buchanbietern Deutschlands. Zur Edel Verlagsgruppe gehört unter anderem ZS mit seinen Lizenzmarken Dr. Oetker Verlag, Kochen & Genießen und Phaidon by ZS.

**ZS – Ein Verlag der Edel Verlagsgruppe**
**www.zsverlag.de**
**www.facebook.com/zsverlag**
**www.instagram.com/zsverlag**

## FÜR DIE UMWELT

ZS unterstützt bei der Produktion dieses Buches das Projekt „Junge Riesen für die nächsten 100 Jahre“ im Naturpark Nossentiner/Schwinzer Heide. Damit wird ein Anteil der unvermeidbaren $CO_2$-Emissionen im direkten Umfeld des Produktionsstandortes kompensiert.

PARTNER
Naturpark Nossentiner/Schwinzer Heide
www.optimal-media.com/naturschutzprojekt-001

## NEWSLETTER

Was koche ich heute Feines? Und wie geht das – schmackhaft und gesund?

Melden Sie sich jetzt zum ZS-Genuss-Service an und verpassen Sie keine kulinarischen und gesundheitlichen Trends mehr. Wir informieren Sie regelmäßig über unsere Neuerscheinungen, Aktionen oder Gewinnspiele und verraten Ihnen unsere Lieblingsrezepte!

GEWINNEN

Unter allen Neuabonnierenden verlosen wir jeden Monat eine *ZS-Genuss-Box* im Wert von 75,00 €.

Jetzt anmelden unter:
***www.zsverlag.de/newsletter***
oder den QR Code scannen:

ANMELDEN!